Yoneko Tahara / Bernard Palmer

YONEKO

Yoneko Tahara / Bernard Palmer

Yoneko

Tochter des Glücks

bewegende
biografien

Schulte & Gerth

Die amerikanische Originalausgabe erschien unter dem Titel „Yoneko – Daughter of Happiness“ im Verlag Moody Press, Chicago

Übertragen aus dem Amerikanischen

Best.-Nr. 815 359
ISBN 3-89437-359-8
1. Taschenbuchauflage 1988
2. Taschenbuchauflage 1995
Umschlaggestaltung: Michael Wenserit
Satz: dateam, Frankfurt am Main
Druck und Verarbeitung: Ebner Ulm
Printed in Germany

1

Unsere Haustür war nicht verschlossen, als ich sie zu öffnen versuchte. Eine panische Angst überfiel mich, als sich der Türgriff in meiner Hand drehte. Die letzten vier oder fünf Male, als ich mit Freunden aus meiner Gemeinde den Abend verbracht hatte, war ich ausgesperrt worden. Doch heute waren die Fenster geöffnet und das ganze Haus hell erleuchtet.

Ich warf schnell noch einen Blick auf Akitoschi, der mich auf seinem Fahrrad nach Hause gebracht hatte. „Bete für mich!" flüsterte ich.

Die gesamte Familie war im Wohnzimmer versammelt. Mein ehrbarer Vater, meine zwei Brüder und meine Schwester saßen im Halbkreis auf den Tatami-Matten. Sie starrten mich finster an.

Zum erstenmal, seit ich mich vor über einem Jahr in dem verzweifelten Versuch, meinem Leben ein Ende zu machen, vor einen Zug geworfen hatte, waren weder Mitleid noch Schmerz in den blitzenden Augen meines Vaters zu lesen. Meine amputierten Beine, meinen fehlenden linken Arm und die drei Finger, die mir an der rechten Hand noch verblieben waren, übersah er geflissentlich.

Er hatte meinen neugefundenen Glauben an Jesus Christus und meine Beziehungen zu den Amerikanern nie gutgeheißen. In den schweren Monaten nach meinem Selbstmordversuch war er so dankbar gewesen, daß ich wieder lächeln konnte und erneut

Anteil am Leben nahm, daß er nichts gesagt hatte. Doch jetzt hatte sich die Lage so zugespitzt, daß er etwas unternehmen mußte.

Wäre ich mit meinen 18 Jahren ein sittsames japanisches Mädchen und meinem Vater untertan gewesen, wie es sich gehörte, so hätte ich den Glauben meiner Familie nicht aufgegeben, um Jesus Christus als meinen persönlichen Erlöser anzunehmen. Ich hätte es nicht zugelassen, daß mich mein neuer Freund, Akitoschi Tahara, der Christ war, zu den Versammlungen mitnahm, die die verfluchten Amerikaner abhielten. Ich hätte mich ihrem Bestreben widersetzt, auf die Straße zu gehen und Schande über meine Familie zu bringen, indem ich Traktate austeilte und anderen erzählte, was Christus für mich getan hatte.

Mit bebender Stimme sprach ich mit meinem Vater und versuchte zu lächeln. Keine Spur von Verständnis war in seinem Gesicht zu lesen. Es war, als würde er mich weder sehen noch hören.

Akitoschi zögerte vor der Tür, als ließe er mich ihnen nur ungern gegenübertreten. Einer meiner Brüder stand zornig auf und schlug die Tür vor dem sorgenvollen Blick meines Freundes zu.

„Komm her, Yoneko!" befahl mein Vater in strengem Ton, der keinen Widerstand duldete. „Setz dich in die Mitte!"

Ich tat, was mir befohlen war, obwohl ich noch nie etwas ähnliches erlebt hatte. Ich zitterte am ganzen Leib. Offensichtlich hatte mein Vater noch mehr zu sagen, doch schwieg er mindestens eine Minute lang. Ich wartete und betete verzweifelt.

„Was wir jetzt mit dir besprechen wollen, ist sehr

wichtig", sagte Vater streng. „Viel zu lange haben wir zugesehen in der Hoffnung, du würdest Vernunft annehmen und diesen westlichen Gott vergessen. Doch nun sind wir zu dem Entschluß gekommen, nicht mehr warten zu können. Du mußt diesen christlichen Glauben aufgeben!"

Ich seufzte so laut, daß es alle hören konnten. Wohl hatte ich den Grund für diese Familienzusammenkunft geahnt, ich war mir aber nicht bewußt gewesen, wie schlecht ich auf diese Herausforderung vorbereitet war. Was sollte ich tun, wenn sie mir befahlen, entweder Jesus zu verleugnen oder das Haus zu verlassen? Ich konnte keine Arbeit bekommen, um mich selbst zu ernähren, ja, ich konnte mich nicht einmal allein zu Hause versorgen. Schweiß trat mir auf die Stirn, und ich wischte ihn mit der Hand ab.

„Ich habe beschlossen, daß du diesem christlichen Glauben fernzubleiben hast", fuhr mein Vater fort. „Das bringt nur Schwierigkeiten mit sich. Es reißt unsere Familie auseinander. Du darfst nicht mehr hingehen! Du darfst diese Gottesdienste nicht mehr besuchen!" Noch nie hatte ich meinen Vater so wütend gesehen, selbst damals nicht, als er mit meinen Brüdern über das Geld für ihr Studium stritt. „Du darfst keinen dieser furchtbaren Menschen wieder mit nach Hause bringen!"

Ich schaute sie alle der Reihe nach an und war von dem Haß, den ich in ihren Augen las, erschüttert. Noch nie waren sie im Kampf gegen mich so vereint gewesen. Das Herz zog sich mir zusammen. Ich hatte schreckliche Angst.

Ich wartete darauf, daß Vater weiterreden würde.

Aber er hatte nichts mehr zu sagen. Er hatte sein Urteil gefällt. Jetzt war es an mir, Antwort zu geben. Ich war mir nicht ganz sicher, was er von mir erwartete.

Meine Brüder waren davon überzeugt, daß ich diesem Druck nachgeben würde. Sie warfen mir aufmunternde Blicke zu in der Hoffnung, daß ich meinen Fehler einsehen und versprechen würde, meine christlichen Freunde und die Gottesdienste in der Kirche aufzugeben.

Aber sie kannten mich nicht gut genug. Oder vielmehr, sie wußten nichts von der Macht meines Gottes. Noch vor ein paar Minuten hatte mich bei dem Gedanken, entweder Christus verleugnen zu müssen oder auf die Straße gesetzt zu werden, eine schreckliche Angst gepackt. Jetzt erfüllte mich ein seltsamer Friede. Das Zittern hörte auf. Ich war entspannt und gelassen.

Eigentlich freute ich mich darüber, daß sie mich herausgefordert hatten. In der mir eigenen schüchternen Art hatte ich wiederholt versucht, meinen Angehörigen gegenüber Zeugnis abzulegen, doch war es mir nie gelungen, ihnen mehr als ein paar Worte von Jesus zu sagen – Worte, die so zaghaft herauskamen, daß sie auf taube Ohren gefallen waren. Jetzt war die Gelegenheit gekommen, ihnen meinen Glauben zu bezeugen. In diesem Moment war ich dankbar dafür. Doch ich wußte ja nicht, was mich erwartete!

„Du weißt, daß ich euch alle sehr liebhabe, Vater", begann ich ernsthaft. „Es tut mir sehr weh, nach allem, was ihr für mich getan habt, eure Mißbilligung zu spüren. Wenn ihr mir aber Gott nehmt, habe ich überhaupt nichts mehr. Er hat mich erlöst und meinem Leben wieder einen Sinn gegeben. Ich kann mir nicht einmal vorstellen, wie mein Leben ohne ihn verlaufen würde.“

Von diesen Worten waren sie wie betäubt. Alle hatten mit einem vollständigen Sieg gerechnet. Weil mir die gesamte Familie entgegengetreten war und vereint Stellung gegen meine neue Religion bezogen hatte, waren sie überzeugt gewesen, daß ich meinen Glauben aufgeben würde. Sie konnten sich nicht vorstellen, daß mir Jesus Christus so viel bedeutete.

Vor lauter Aufregung kamen mir die Tränen. In unserer Kultur wird eine derartige Zurschaustellung der innersten Gefühle mißbilligt. Mein Vater und meine Brüder kamen in Verlegenheit. Sie faßten diesen Gefühlsausbruch als weiteres Zeichen dafür auf, daß ich nicht mehr bei Sinnen sei. Doch es gelang mir nicht, die Tränen zurückzuhalten, und es dauerte ein paar Minuten, bis ich mich wieder soweit in der Gewalt hatte, daß ich weiterreden konnte.

„Trotz allem, was ihr mir gesagt habt“, fuhr ich so respektvoll wie nur möglich fort, „freue ich mich, eine Christin zu sein. Ich weiß, daß ich verloren gewesen wäre, wenn mich der Herr nicht gerettet hätte. Ohne ihn wäre ich nicht einmal mehr am Leben. Ich hätte mir noch im Krankenhaus das Leben genommen. Wenn ich mich also zwischen euch und meinem Gott zu entscheiden habe, dann habe ich keine andere Wahl, als ihm nachzufolgen. Ich gehöre Jesus.“

Sie waren verblüfft. Damit hatten sie nicht gerechnet.

Es war jedoch nicht so, daß ich plötzlich tapfer geworden wäre. Mein Mut schmolz vor ihren feindseligen Blicken wie Schnee an der Sonne. Gott aber hatte das Kommando übernommen. Ich war mir kaum bewußt, daß auch ich einbezogen war.

„Wie kannst du dich nur mit Amerikanern abgeben?“ wollte Yasuzo wissen, als es ihm schließlich gelang, seinem Zorn Luft zu machen. „Du weißt doch, was sie in Hiroshima angerichtet haben. Was müssen nur unsere Nachbarn denken, wenn sie sehen, wie diese Frau zu uns kommt, als wäre sie mit uns allen befreundet?“

Akiyoschi nahm das Stichwort auf, und in seinem aufbrausenden Temperament schleuderte er mir die Worte entgegen: „Du hast es zugelassen, daß dich diese Amerikanerin in einen Rollstuhl setzte und durch die ganze Stadt und zu allen deinen alten Bekannten fuhr. Du hast uns in Schande gebracht, indem du ihnen von deinem Christus erzähltest!“

Beide Brüder erhitzten sich immer mehr. „Und du stellst dich mit diesen Ausländern an die Straßenecken, teilst deine albernen Zettel aus und erzählst allen Leuten, daß du mit dem Leben deiner Familie nicht einverstanden bist, daß du die Bräuche deines Volkes aufgegeben hast und Christ geworden bist.“

„Siehst du denn nicht ein, Yoneko“, fuhr mein ältester Bruder Yasuzo fort, „daß du von diesen Menschen nur ausgenutzt wirst? Sie tun so, als wären sie lieb und nett und liebten dich; das tun sie aber nicht. Sie reden nur so freundlich. Aber im Grunde ihres Herzens denken sie ganz anders. Sie wollen nur etwas von uns bekommen, und wenn sie es haben, lassen sie dich im Stich.“

Vater nickte zustimmend. „Was deine Brüder sagen, ist die Wahrheit. Sie wollen nur Geld mit dir verdienen. Die Leute sollen dich bedauern und ihnen aus lauter Mitleid Geld geben. Wenn sie dich dann genug für ihre Zwecke ausgenutzt haben, wird es so kommen, wie Yasuzo sagte: Sie werden dich im Stich lassen."

„Sie haben noch nie auf der Straße Geld gesammelt", wandte ich ein.

Das beeindruckte Vater offenbar. Er wußte, daß ich ihn nicht belügen würde, erst recht nicht in dieser wichtigen Frage. „Es muß aber doch einen Grund dafür geben, daß sie so nett zu dir sind."

„Das ist wegen Jesus Christus", entgegnete ich leise.

Doch niemand hörte mir zu. Yasuzo und Akiyoschi schrien beide gleichzeitig auf mich ein – der eine lauter als der andere –, um mich einzuschüchtern. Damit wollten sie erreichen, was ihnen mit vernünftigen Argumenten nicht gelungen war.

Dieser Weg führte zum Ziel: Ich fürchtete mich vor ihnen und betete um Kraft. „Ich wünschte, daß ihr das findet, was ich gefunden habe", stammelte ich. „Daß ihr ebenso glücklich und froh werdet, wie ich durch Jesus Christus geworden bin."

Doch ihre Augen blitzten vor Zorn. Sie wollten nicht hören.

Akiyoschi war es dann, der zur Tat schritt. Wütend sprang er auf und verabreichte mir eine schallende Ohrfeige, so daß ich fast zu Boden fiel.

Ich war wie betäubt, und es gelang mir nur langsam, mich wieder aufzurichten.

Die anderen im Zimmer waren ebenso erschrockken wie ich. Er hatte mich schon bei anderen, ähnlichen Streitereien geohrfeigt, doch noch nie vor meinem Vater.

Zögernd erhob ich meine mir verbliebene Hand. Mit meinen zwei Fingern betastete ich meine Wange.

Vaters Schweigen deutete Zustimmung an. Doch die körperlichen Schmerzen waren nichts im Vergleich zu dem Schmerz in meinem Herzen!

*

Mein Name ist Yoneko – Reiskind, Tochter des Glücks. Meine Großmutter hatte diesen alten Namen für mich ausgesucht mit dem Wunsch, daß ich zeitlebens wohlbehütet und glücklich sein möge. In unserem Volk wird ein Name nur nach reiflicher Überlegung gewählt. Die Alten sind der Auffassung, der Name besitze die Kraft, ein Leben zu beeinflussen. „Yoneko", hatte meine Großmutter ohne Gefühlsregung gesagt, „das ist ein Name, der ihr gute Dienste erweisen und ihr helfen wird, das ehrbare Alter von achtundachtzig Jahren zu erreichen."

Als Kind war ich glücklich, doch brachte ich meinem ehrbaren Vater und meinen Geschwistern kein Glück. Hätte ich auf saubere Art und Weise Selbstmord begangen, wäre ihre Trauer durch die Tatsache gemildert worden, daß ich dem Tod ruhig und unerschrocken ins Auge geblickt hatte. Das hatte ich aber nicht getan.

In jener Nacht auf dem Bahnsteig in Tokio war ich so aufgewühlt gewesen, daß ich nicht mehr in der Lage war, klar zu denken. Ich hatte nur den einen Wunsch, meinem erbärmlichen, nutzlosen Leben ein Ende zu machen. Der Zug hätte dies bewerkstelligen sollen, aber es hatte nicht geklappt. Statt dessen wurde ich zum Krüppel. Ich hatte beide Beine unterhalb des Knies verloren, und mein linker Arm und zwei Finger meiner rechten Hand waren amputiert worden.

Ich möchte nun erklären, weshalb ich so enttäuscht und verzweifelt war, daß ich mir den Tod herbeisehnte. Traurigkeit oder gar Schwermut lag nicht in unserer Familie. Im Gegenteil. Als ich noch klein war, herrschte in unserem Haus viel Frohsinn, und ich war ein fröhliches Kind. „Yoneko“, pflegten meine Angehörigen oft zu sagen. „Großmutter hat ihr den richtigen Namen gegeben!“

Dann huschte ein leises Lächeln über ihr runzliges Gesicht.

Man sagte mir, daß ich immer bemüht gewesen sei, meinen Eltern zu helfen, selbst als ich noch nicht zur Schule ging. Das mußten wohl alle als seltsam empfunden haben.

Ich wurde nie bestraft. Meine Mutter wies mir nur die einfachsten Arbeiten zu, wie zum Beispiel täglich vor der Haustür zu putzen. Dagegen wurde Yuriko, meiner älteren Schwester, weitaus mehr Verantwortung übertragen, und sie wurde auch öfter zurechtgewiesen.

Ich galt als Mutters Nesthäkchen. Sie war der Meinung, daß man Gehorsam und Hilfe von mir nicht in gleichem Maße wie von den anderen erwarten konnte. Und sie schleppte mich immer mit sich.

„Sie haben aber eine hübsche Tochter!“ sagte man in den Geschäften oft zu ihr.

„Nein“, erwiderte sie dann bescheiden, wobei ihr der Stolz aus den Augen strahlte und ihren Widerspruch Lügen strafte. „Ihre Tochter ist hübsch, meine aber nicht.“

Doch die Umherstehenden wußten genau, daß sie im Grunde der gleichen Meinung war und nur deshalb widersprach, um demütig und liebenswürdig zu wirken.

Mein Vater hörte solche Redensarten nicht gern und ärgerte sich hin und wieder, wenn man ihm davon erzählte. Doch Mutter fegte seine Einwände mit einer Handbewegung beiseite, ohne seine Worte in ihr Bewußtsein dringen zu lassen. Sie war eine pflichtbewußte japanische Ehefrau, die gewohnt war, den kleinsten Wunsch ihres Mannes zu erfüllen. Doch ich war so etwas Besonderes für sie, daß sie es nicht verstehen konnte, wie irgend jemand etwas an mir auszusetzen haben könnte.

„Können wir etwas dafür, daß sie so hübsch ist?“ pflegte sie zu sagen.

„Innere Schönheit ist wichtiger als äußere“, entgegnete der Vater, konnte sie aber trotzdem nicht dazu bringen, mich strenger zu erziehen.

Ich mußte nicht einmal zu Hause essen, wenn ich nicht wollte. Ein Junge, der etwa gleich alt war wie ich, wohnte uns gegenüber. Wir spielten dauernd zusammen und gingen dutzendemal am Tag in den beiden Häusern ein und aus. Kam ich in die Küche und sah, daß meine Mutter gerade etwas kochte, was mir nicht so ganz paßte, oder wenn ich es mir mitten in der Mahlzeit anders überlegte, rannte ich über die Straße und sah nach, was mein Freund eben zu essen hatte. Sagte mir die Mahlzeit unserer

Nachbarn mehr zu als die unsrige, aß ich mit ihnen weiter. Ich kann mich nicht entsinnen, jemals von meiner Mutter für diese Ungezogenheit bestraft worden zu sein.

Bald hatte ich heraus, daß ich in der ganzen Nachbarschaft meinen Willen durchsetzen konnte. Ich brauchte nur zu meiner Mutter zu gehen und ihr schluchzend meinen Kummer zu erzählen. Hatte ich mit einem meiner Freunde Streit, lief ich weinend nach Hause, und schon eilte sie mir zur Hilfe – wie eine Bärenmutter, die ihr Junges schützt. In ihren Augen konnte ich einfach nichts falsch machen. Sie duldete nicht, daß mich jemand verletzte. Ich weiß nicht, wie oft sie mich dann an die Hand nahm und zum Haus meines Gegenspielers marschierte, um den Kampf zu meinen Gunsten auszufechten.

An vieles kann ich mich nicht mehr erinnern, doch bei soviel Nachsicht und Verwöhntwerden muß ich eigentlich unausstehlich gewesen sein. Trotz allem wollte ich meinen Eltern gegenüber gefällig sein und half ihnen, wo ich konnte. Sobald ich meinen Vater nach Feierabend auf der Straße entdeckte, lief ich in die Küche, um seinen Aschenbecher zu holen.

Es war jeden Abend dasselbe. Vor der Tür blieb er stehen, bis er meine Mutter begrüßt und seine Pantoffeln, die sie ihm brachte, angezogen hatte.

Wir begrüßten uns nicht so lässig wie in einer amerikanischen oder europäischen Familie. Die Begrüßungszeremonie war tief in unserer Kultur verwurzelt. In den Familien, die unter westlichem Einfluß stehen, haben sich die japanischen Sitten und

Gebräuche schon sehr geändert; unsere Familie war jedoch in dieser Hinsicht so beständig und unbeirrbar wie der Fudschijama oder das Meer, das unsere Inseln umgibt.

Mutter machte eine leichte Verbeugung. „Willkommen zu Hause.“ Danach nahm sie Vaters Aktentasche und was er sonst gerade in der Hand hielt, und reichte ihm seine Pantoffeln. „Das ofuro* ist fertig. Oder möchtest du erst etwas essen oder trinken?“

Ich stand daneben und wartete, denn ich wußte, daß dieses Ritual nicht unterbrochen werden durfte. Dann gab ich ihm ein Keramikgefäß, das ich mit meinen molligen Händen fest umklammert hielt.

Ein leises, emotionsloses Lächeln huschte als Anerkennung für den Beitrag, den ich zu seinem Wohlbefinden leistete, über sein Gesicht. Der wohlerzogene Japaner spiegelt nur Frieden und Gelassenheit wider, wie es unsere Kultur seit Jahrhunderten vorschreibt. Dies traf besonders für einen Menschen wie meinen Vater zu, der mit dem einen Fuß in der Vergangenheit und mit dem anderen nur zur Hälfte in der Gegenwart stand.

Bis heute habe ich ihn noch nie sagen hören, daß er mich liebt. Noch nie hat er mich auf den Arm genommen und geküßt. Solch eine vulgäre Mitteilung seiner Gefühle hätte ihn ja vor seiner Familie bloßgestellt.

Er deutete auf das Kissen auf dem Fußboden, das für ihn reserviert war. Es stellte den Ehrenplatz dar, der ihm als Herrn des Hauses zustand. Vor ihm war

* japanisches Bad

seinem Vater in dessen Haus die gleiche Ehre erwiesen worden. Später einmal würde seinen Söhnen von ihren Familien diese Ehre zuteil werden.

„Trage es bitte dort hin“, sagte er. Obwohl er, seiner Stellung gemäß, seine Stimme in der Gewalt hatte, merkte ich an dem zärtlichen Tonfall, daß er mich liebte. Und instinktiv liebte ich ihn wieder. Deshalb erwies ich ihm kleine Aufmerksamkeiten wie zum Beispiel, daß ich ihm seinen Aschenbecher holte.

Mutters dunkle Augen folgten mir wohlwollend, während ich den Aschenbecher auf die Tatami-Matte in der Nähe seines Sitzplatzes stellte, wo er vor dem Essen zu rauchen pflegte.

Als das Essen fertig war, setzte sich die Familie um den niedrigen Tisch herum.

Unsere Sitzordnung war einer strengen, feststehenden Regel unterworfen. Vater saß am Kopfende des Tisches, auf dem Ehrenplatz, Mutter an dem der Küche am nächsten gelegenen Ende des Tisches, damit sie die übrigen Familienangehörigen bedienen konnte. Yasuzo, der älteste Sohn, mußte neben Vater sitzen. Das war der Ehrenplatz unter uns Kindern. Akiyoschi saß neben ihm, danach kamen Yuriko und ich. Als Mädchen hatten wir wenig zu sagen.

Mutter legte ein Stück Fisch auf meinen Teller. Als ich es sah, rümpfte ich geringschätzig die Nase. Es gab nicht oft Fisch bei uns, doch immer noch öfter, als mir lieb war. „Würdest du ihn bitte für mich entgräten?“ bat ich Vater.

Er nahm meinen Teller und zerlegte den Fisch mit seinen Eßstäbchen in kleine Stücke, um die

Gräten zu entfernen. Ich zappelte ungeduldig und wartete darauf, bis er fertig war.

„Was hast du denn, Yoneko?“ wollte Akiyoschi wissen. Er war zwei Jahre jünger als Yasuzo. Obwohl er noch das Gymnasium besuchte, erschien er mir wie ein Mann – so alt, groß, klug und wichtig wie unser Vater. „Hast du Angst, Vater würde deinen Fisch auch noch für dich essen?“

Ich schenkte der Neckerei keine Beachtung. „Hast du alle Gräten erwischt, Vater?“ fragte ich.

„Alle“, antwortete er. „Du brauchst keine Angst zu haben, daß dir eine im Hals steckenbleibt.“

„Hast du auch die kleinen herausgekriegt?“

„Auch die kleinen.“

„Yoneko wird nie heiraten können“, warf Yuriko ein. „Sie wird ihr ganzes Leben lang bei Vater bleiben müssen, damit er ihr immer alle Gräten aus ihrem Fisch heraussucht.“

„Vielleicht kann er ja ihrem Mann beibringen, dies für ihn zu besorgen“, meinte Yasuzo.

„Wenn ich einmal heirate, werde ich keinen Fisch essen“, erwiderte ich mit fester Stimme.

„Du wirst wohl Fisch essen müssen“, belehrte mich Akiyoschi. „Vater arrangiert eine Heirat mit dem Sohn eines Fischhändlers für dich.“

Meine Wangen glühten. „Ich werde meine Heirat selbst arrangieren!“

Mutter kniff mißbilligend die Augen zusammen. Doch ihr Unmut galt nicht mir, sondern Akiyoschi. Sie sagte jedoch kein Wort, denn es war Vaters Aufgabe, meine Brüder zum Schweigen zu bringen. Er war ja das Familienoberhaupt. Vater gab mir jedoch meinen Teller wortlos zurück.

2

Vater und ich liebten uns zwar gegenseitig, doch war unser Verhältnis nicht so herzlich wie zwischen Mutter und mir. Ich kannte ihn als jemanden, der die meiste Zeit nicht zu Hause war. Morgens ging er aus dem Haus, während ich noch schlief, und abends kam er heim, nachdem die Schule längst aus war.

Er sprach nur selten mit mir, und wenn er es tat, zeigte er wenig Interesse für meine Freunde oder die Schule. Dies bekümmerte mich aber nicht. Wie die meisten japanischen Männer war er in sich gekehrt und herrschte über seine Familie mit sanfter Gewalt, wie es sein Vater in seinem Hause auch getan hatte.

Während es nur selten vorkam, daß er mit Mutter oder uns Mädchen ein längeres Gespräch führte, beschäftigte er sich häufig mit meinen Brüdern. Yasuzo war sein Erstgeborener und nahm einen Ehrenplatz in unserem Haus ein, genoß daher auch den größten Teil der väterlichen Aufmerksamkeit. Akiyoschi erfreute sich als zweiter Sohn einer kaum geringeren Achtung.

Meinem älteren Bruder fiel das Lernen leicht, und er wünschte sich sehnsüchtig, nach Abschluß des Gymnasiums aufs College zu gehen. Darüber wurde in unserem Haus viel diskutiert. Ich war zu klein, um zu verstehen, worüber gesprochen wurde, hatte jedoch bereits gelernt, in den Gesichtern meiner Angehörigen zu lesen. Sobald das Thema College aufkam, wurde Vater böse. Das machte mir Angst.

„Ich will ja nur nächstes Jahr aufs College gehen, sonst nichts!" stieß Yasuzo hervor. Eine gewisse Hilflosigkeit klang aus seiner Stimme.

„Ich weiß genau, was du willst!" Vaters schmächtiger Körper fing an zu zittern, sooft dieses Thema angeschnitten wurde. Später erfuhr ich, daß er sehr hartnäckig sein konnte, doch als fünf- oder sechsjähriges Kind verstand ich noch nichts davon. Damals spürte ich nur, daß beide sehr erregt waren. „Du meinst, ich solle dir das Studium bezahlen, aber diesen Gedanken kannst du dir aus dem Kopf schlagen. Von mir bekommst du keinen Yen!"

„Ich brauche deine Hilfe gar nicht", gab mein Bruder zurück. „Ich habe mich trotzdem entschlossen, zu studieren."

„Das liegt bei dir. Studiere, wenn du willst. Aber erwarte kein Geld von mir. Ich werde dir nichts geben!"

Yasuzos Gesicht wurde so fahl wie ein toter Fisch. „Dann werde ich es allein schaffen."

Gewöhnlich hörte die Debatte an diesem Punkt auf. So wäre es auch diesmal gewesen, wenn sich Akiyoschi nicht eingeschaltet hätte. Er war ziemlich heißblütig. „Otosan*, warum bist du so hartnäckig? Jedermann weiß doch, daß man heutzutage eine gute Schulbildung braucht, um voranzukommen."

Vater war keine Widerrede gewohnt, auch nicht von seinem heißblütigen Sohn. „Das sagst du."

* Vater

„Das sagen alle!"

Vaters Augen blitzten, und ich suchte erschrokken Schutz bei meiner Mutter. „Wer so etwas sagt, weiß es nicht besser!" Vaters Stimme klang schon wesentlich ruhiger. „Es gibt nur eine Methode, im Leben voranzukommen: hart arbeiten und ehrlich sein. Dadurch gewinnt man das Vertrauen der Menschen und wird Glück und Erfolg haben. Wenn ihr diese Tugenden besitzt, werdet ihr geehrt und denen vorgezogen werden, die sie nicht besitzen. Wenn ihr beide danach strebt, werdet ihr es auch zu etwas bringen, ohne Zeit und Geld mit Studieren vergeuden zu müssen."

„Das haben wir seit der Zeit, als wir noch kleiner waren als Yoneko, schon so oft gehört!" Akiyoschi winkte ab, als wolle er den Streit damit vom Tisch fegen. „Und noch immer bekommen wir es zu hören, sobald Yasuzo vom Studium spricht."

„Ich spreche davon, verstanden?" fuhr Vater ihn an. „Ihr hört mir nicht zu. Als wären eure Ohren verstopft." Ein Ausdruck, den ich nicht deuten konnte, glomm in seinen Augen auf. Angstvoll versteckte ich mich hinter Mutter. „Ihr tätet gut daran, auf mich zu hören. Macht es mir nach! Schlagt euch diese Dummheiten aus dem Kopf und tut, was ich getan habe. Das ist die einzige Methode, in der Welt voranzukommen!"

Meine Brüder starrten sich mit bleichen Gesichtern an. Ihre Lippen bebten. Es war immer so, wenn sie mit Vater über das Thema Studium und die Kosten dafür sprachen. Und immer endete der Streit auf die gleiche Weise. Sie wurden so wütend, daß sie nichts mehr zu sagen wagten.

Später hörte ich, wie sich Yasuzo und Akiyoschi über dieses Thema unterhielten. Vater war nicht dabei, sonst hätte es wieder böse Worte gegeben. Ich entsinne mich, daß ich vor Angst zitterte, er könnte zurückkommen und hören, was sie sprachen.

„Er sagt, wir sollen seinem Beispiel folgen, dann würden wir ebensoviel Erfolg haben wie er!" Verachtung klang in Akiyoschis schriller Stimme. „Als ob ich mich nach dem Erfolg sehnte, den er hatte! Die Leitung der städtischen Müllabfuhr! Und Zahlen abschreiben!" Er lachte höhnisch. „Das ist etwas zum Prahlen!"

Yasuzo war etwas nachsichtiger. „Er hat sich seinen kleinen Posten hart erkämpft und auf dem Bauernhof schwer geschuftet", rief er seinem hitzköpfigen Bruder ins Gedächtnis zurück. „Vater hat viele Yen gespart. Das ist etwas, worauf er wirklich stolz sein kann."

„Dann dürfte es ja nicht so schwer für ihn sein, dein Studium zu bezahlen!"

Mein ältester Bruder kniff die Augen zusammen. Ihm war offensichtlich nicht wohl in seiner Haut. Er explodierte nicht so leicht wie Akiyoschi. „Ich bin doch derjenige, der nächstes Jahr aufs College gehen wird", entgegnete er sanftmütig. „Weshalb regst du dich denn so auf, daß er sich weigert, mir zu helfen?"

Akiyoschi zögerte nicht mit der Antwort. „Du bist sein Erstgeborener, ich bin nur sein zweiter Sohn." Neid und Verbitterung schlichen sich in seine Stimme. „Wenn er dir nicht helfen wird, die Kosten für das College zu bezahlen, was soll dann erst aus mir werden?"

„Mit Streit und Gezänk erreicht man überhaupt nichts“, meinte Yasuzo. „Vater hat sich entschieden. Und damit ist Schluß!“

„Pah!“ stieß Akiyoschi hervor. „Das sagst du jetzt. Er hat seinen Entschluß gefaßt, aber er kann ihn auch ändern!“

Früher hatten sie noch andere Argumente angeführt. Auch in Zukunft sollte es noch manche Auseinandersetzung über dieses leidige Thema geben. Es wurde jedoch nichts damit erreicht. Als der Zeitpunkt gekommen war, daß mein älterer Bruder aufs College gehen sollte, mußte er arbeiten, um sich das Geld dafür zu verdienen. Vater ließ sich nicht erweichen, ihm zu helfen. Ebenso erging es Akiyoschi, trotz seines aufbrausenden Temperaments und seiner hitzigen Argumente.

Solche Probleme bereiteten mir in meiner engbegrenzten kleinen Welt jedoch kein Kopfzerbrechen. Ich hörte das Gezänke wie das Gezwitscher der Vögel in dem Maulbeerbaum, wenn ich mit Mutter auf den Bauernhof hinausfuhr. Es bekümmerte mich nicht. Mutter war Ziel und Mitte meines Lebens, und wir waren beide damit zufrieden und wollten es nicht anders. Soweit ich zurückdenken kann, betrachteten wir uns beide gegenseitig als etwas ganz Besonderes.

Noch spüre ich die Wärme ihrer starken, festen Hand, wenn sie mit mir zum Bahnhof ging, wo wir den Zug nach dem Dorf bestiegen, in dem ich geboren war. Bis zu meinem dritten Lebensjahr hatten wir dort auf einem Bauernhof gelebt. Danach bekam Vater Arbeit in der Stadt Hachioji, und wir zogen um.

Aus dieser Zeit auf dem Land ist mir kaum etwas in Erinnerung geblieben. Wir fuhren jedoch so oft dorthin, daß ich den Hof, der Freunden meiner Eltern gehörte, genau kennenlernte. Vor einigen Jahren kam ich wieder in diese Gegend und fand ein kleines, etwas heruntergekommenes Bauernhaus vor. Damals war es mir jedoch so groß und überwältigend wie der Fudschi erschienen. Die riesigen Zimmer zogen mich unwiderstehlich an und forderten mich heraus, auf meinen kurzen Beinen von Zimmer zu Zimmer zu laufen.

Meist begleitete ich Mutter auf den Bauernhof, aber hin und wieder machte ich die Reise auch mit Vater. Er setzte mich dann in den kleinen Fahrradanhänger und nahm mich mit, wenn er zum Arbeiten hinausfuhr. Während er die Woche über und Samstag vormittags seinem Beruf nachging, war er Samstag nachmittags und den ganzen Sonntag über auf dem Bauernhof, pflügte, jätete Unkraut und versorgte die Seidenraupen. Das waren jedesmal aufregende Tage für mich. Ich durfte auf dem ganzen Gelände umherlaufen und Maulbeeren essen. Unser Garten zu Hause war „Neko no Hitai", wie wir auf japanisch sagen, oder „so groß wie eine Katzenstirn". Dagegen bot der Bauernhof viel Platz zum Spielen, und ich nutzte das weidlich aus, bis ich müde wurde.

Mutter behielt immer genügend Raupenkokons zurück, um Seidengarn daraus herzustellen und eine gewisse Menge Stoffe davon zu weben. Für alle Familienmitglieder fertigte sie Kimonos von der Hand an. Sie ging nicht in eine Fabrik oder ein Geschäft zum Arbeiten, wie manche Mütter es taten, sondern widmete sich ausschließlich ihrer Familie. Doch was sie auch wirkte und schaffte, nichts war beeindruckender als die Kimonos, die sie herstellte. Oft hielt Vater einen davon in der Hand und fuhr mit der Hand über den schönen Stoff. „Schön", sagte er. „Sehr schön." Das war das Höchstmaß an Anerkennung und Liebe, das ich ihn jemals meiner Mutter gegenüber äußern hörte.

*

Mutter nahm mich überallhin mit, selbst wenn Yuriko zu Hause war, um auf mich aufzupassen.

Eines schönen Tages waren wir beide wieder einmal unterwegs zum Bauernhof. Wie immer machten wir auch diesmal bei dem Tempel in der Nähe unserer Ahnengräber halt, um den Vorfahren zu huldigen.

In den meisten Familien übte der Vater die religiösen Pflichten aus. Als Herr des Hauses fiel ihm die Aufgabe zu, dafür zu sorgen, daß sein Haus eine Gedenkstätte enthielt, wo die Ahnen entsprechend verehrt wurden.

Mein Vater war der zweitgeborene Sohn seiner Eltern. Das bedeutete, daß er weder das Geschäft seines Vaters erben noch für die Ahnenverehrung verantwortlich sein würde. Traditionsgemäß war es der älteste Sohn, der den Hauptanteil am väterlichen Erbe bekam und mit der Anbetung verstorbener Familienangehöriger beauftragt wurde.

Damals – und zum Teil auch heute noch – war es Sitte, daß ein kinderloses Ehepaar einen jungen Freund oder Verwandten ausschließlich zum Zwecke der Ahnenverehrung adoptierte. Auch mein

Vater war adoptiert worden, hatte jedoch weiter bei seinen Eltern gelebt. Beim Tode seiner Adoptiveltern erbte er deren Bauernhof, und als Dank dafür verehrte er sie treu vor dem „butsudan“ oder Familienschrein, der in unserem Wohnzimmer stand.

Er ließ jedoch keinen Zweifel darüber aufkommen, daß er seine Pflichten vor dem Schrein nur aus Gründen der Ehrfurcht ausübte und nicht, weil er solchen Dingen Glauben schenkte. Er hatte sein Wort gegeben, seine Adoptiveltern als Gegenleistung für den Bauernhof zu verehren, und dieses Versprechen erfüllte er auch getreulich.

Bei uns zu Hause war es Mutter, die die Glocke zur Verehrung vor dem Familienschrein läutete. Und Mutter besuchte auch immer wieder den Tempel.

Vater hatte nichts dagegen. Er hatte auch nichts an ihrer Freundschaft mit den Priestern auszusetzen. Für solchen Unsinn hatte er keine Zeit und war froh, von dieser Verantwortung entbunden zu sein. Vater war davon überzeugt, daß ein Mann nur das glauben kann, was er sieht. Er muß ein Objekt berühren und von seiner Echtheit überzeugt sein, um ihm sein Vertrauen schenken zu können. Harte Arbeit, ehrliche Gesinnung und sparsame Lebensführung waren Begriffe, die ihm vertraut waren. Er hatte am eigenen Leibe erfahren, welche Bedeutung sie für das Leben eines Menschen hatten. Warum sich also über Religion Gedanken machen, wenn diese in Aberglauben gehüllt und keinen praktischen Wert hatte? Eine Frau mit ihren Schwächen mochte in einem Tempel vielleicht Hilfe finden. Das konnte möglich sein. Auch für ein Kind, das noch nicht gelernt hatte, auf eigenen Füßen zu stehen, war es vielleicht das Richtige, oder für einen alten Mann, der sich mühsam durch die letzten Wochen oder Monate seines Lebens schleppt. Aber für einen Mann, der durchaus imstande war, für sich selbst zu sorgen, war die Religion doch nur unnötiger Ballast.

Von anderen Besuchen her wußte ich, was Mutter tun würde, wenn wir am Tempel angekommen waren. Wir bahnten uns einen Weg durch das Unkraut, das um die Grabsteine herum wucherte. Für kurze Zeit blieben wir vor den Gräbern unserer Ahnen stehen.

Der Familie, die wir besuchten, brachten wir Apfelsinen oder ähnliche Geschenke mit. Das gehörte sich so für einen wohlerzogenen Japaner. „Wir müssen den Menschen, die wir besuchen, immer ein Geschenk mitbringen", schärfte mir Mutter ein, und ich nahm mir fest vor, diesen Rat zu befolgen, wenn ich einmal erwachsen sein würde.

Die Begrüßungszeremonie kannte ich zur Genüge. Vor dem Haus wurden wir feierlich empfangen. Die Gastgeber versicherten, daß sie unseres Besuches nicht würdig seien. Schließlich wurden wir dann eingeladen hereinzukommen. Danach trug die Frau des Hauses unser Geschenk zu ihrem „butsudan", um es als Opfergabe für die Geister der Ahnen darzubringen. Später wurde es dann aber doch von der Familie verzehrt.

Ich lernte, daß das Gebet im Tempel noch wichtiger war als das Beschenken von Freunden oder Verwandten, die wir besuchten. Zumindest legte Mutter größeren Wert darauf.

„Stell dir vor, wie gut wir es haben, daß wir in der Nähe des Tempels der Tenri-kyo* wohnen, so daß wir nicht immer in dem kleinen Tempel bei uns zu Hause beten müssen!“ sagte sie jedesmal zu mir, wenn wir die Reise machten. „Hier sind Priester, die über unsere Prophetin und ihre Visionen und deren Bedeutung genau Bescheid wissen. Die Götter wohnen in ihr, und sie ist zu großen Taten ausersehen worden. Es gibt nichts Schöneres, als den Priestern hier zu Füßen zu sitzen und von der Weisheit der Prophetin und der Macht ihrer Götter zu hören.“ Mutters Blick verlor sich in der Ferne.

Obwohl ich noch klein war und kaum etwas von der Bedeutung ihrer Worte verstand, wurde ich von tiefer Ehrfurcht ergriffen.

„Oft schon habe ich mir meine Zukunft voraussagen lassen“, fügte sie dann hinzu. „Und mehr als einmal bin ich ohne Arzt geheilt worden.“

Religion bedeutete Mutter sehr viel. Deshalb schmerzt es mich um so mehr, daß sie meinen Herrn Jesus nicht kannte.

* Eine in der Stadt Tenri in Westjapan gegründete Schinto-Sekte

3

Ich weiß nicht, wann und wo Mutter sich zuerst für Tenri-kyo, eine in unserem Teil Japans weitverbreitete schinto-buddhistische Sekte, zu interessieren begann. Der Besuch des Tempels gehört jedoch zu meinen frühesten Erinnerungen, und ich weiß noch genau, wie wir den Gebeten, dem Gesang und der Trommel andächtig lauschten. Ich entsinne mich, daß wir durch das Unkraut hindurch zu den Gräbern unserer Ahnen und danach in den Tempel gingen, wo wir regelmäßig den Göttern huldigten.

Die meisten Japaner waren, was die Ausübung ihrer Religion betraf, ziemlich nachlässig. Nicht aber Mutter. Sie vollzog jede gottesdienstliche Handlung so treu und hingebungsvoll, wie sie es eben vermochte.

Sie war auch sehr freigebig, selbst in den Kriegsjahren, wo alles knapp war.

Mit den Priestern jenes Tempels war sie gut befreundet. Wir waren oft bei ihnen zu Gast. Dann saßen wir um den alten, direkt in den Fußboden eingelassenen bäuerlichen Kamin herum. Ich entsinne mich, daß das Feuer den ganzen Tag brannte, selbst wenn es sehr heiß war, und daß ich neugierig zu dem rauchgeschwärzten Strohdach emporblickte. Durch ein kleines Loch im Dach konnte der Rauch abziehen, doch hatte der Raum, der mir so unendlich wie das Meer erschien, keine Decke. Auf den Dachsparren befanden sich Regale, wo Dinge aufbewahrt wurden, die trocken stehen mußten.

Nachdem ich meine Schüchternheit überwunden hatte, spielte ich um die Balken herum, die das Dach stützten. Von dem größten, dem in der Mitte stehenden Firstbalken, war ich besonders angetan.

„Weißt du, was dieser Balken für eine Bedeutung hat, Yoneko?“ fragte mich ein freundlicher Priester. „Er ist ein Symbol für die Kraft deines Vaters und für die Macht des Geldes, das er für die Familie heimbringt.“ Er wußte, daß ich ihn nicht verstand, aber eines Tages würde mir die Bedeutung seiner Worte klar werden.

Mutter bat die Priester immer, mir etwas beizubringen oder für mich zu beten, wenn ich krank war. Sie mußten mir die Hände auflegen und die Götter bitten, mich zu heilen. Ich hätte eine Jüngerin, vielleicht sogar eine Führerin werden sollen, wenn es nach Mutters Plänen gegangen wäre. Doch diese Gedanken sprach sie mir gegenüber nie aus.

Es schien, als sei ich willig, dem Pfad zu folgen, den sie für mich vorgezeichnet hatte. Die anderen Frauen lobten sie für meine Frömmigkeit und rasche Auffassungsgabe. „Wie gut haben Sie es!“ sagten sie. „Die Götter werden über Yoneko sehr erfreut sein. Wohlstand, Gesundheit und viel Segen werden auf Sie kommen, weil Sie so viel an ihr arbeiten.“

Obwohl es mir damals noch nicht bewußt war, regte sich bereits ein Aufbegehren in meinem Herzen, ein unbändiger Wille, frei und unabhängig zu sein. Das äußerte sich jedoch erst, als mir Mutter durch einen Schlaganfall entrissen wurde. Aber in mir schlummerte bereits ein starker Eigenwille, wie ein schlafender Tiger, von dessen Existenz niemand etwas ahnt. Noch war ich das pflichtbewußte kleine Mädchen und tat alles, was Mutter von mir verlangte, weil ich ihr einfach Freude bereiten wollte.

Meine Lektionen lernte ich fleißig.

Tenri-kyo, die „Religion der göttlichen Weisheit“, war von einer Frau gegründet worden. Einige, die auserkoren wurden, andere zu führen, müssen jahrelang die schwierige, geheime Bedeutung religiöser Dokumente studieren. Andere reisen endlos quer durchs Land, besuchen Tempel und Schreine, bis sie genügend Gunst erworben haben, um mit der höchsten Offenbarung betraut zu werden. Sie aber gehörte zu den wenigen Auserwählten, die so heilig und rein, deren Gedanken so erhaben waren, daß die Götter sie ohne jahrelanges Suchen und Studieren besuchen konnten. Ihre Offenbarung kam wie der Blitz vom Himmel. Sie mußte sie nicht erst verdienen. Sie wurde ihr geschenkt.

Einige meinten, sie sei von dem Vater-Gott, von dem alles herkommt und der über etliche geringere Götter herrscht, in Beschlag genommen worden. Er hatte sie in einen Trance-Zustand versetzt und ihr Visionen über seine Botschaft geschenkt, die sie der Welt verkündigen sollte.

Ihren gehorsamen Nachfolgern schenkte er drei Verheißungen: Sie sollten sich guter Gesundheit erfreuen, in ihren Familien sollte der Friede regieren, und ihre geschäftlichen Unternehmungen sollten gelingen. Wer diese Segnungen verdienen wollte, mußte einen starken Glauben haben und im Tempel Geld oder Erstlingsfrüchte opfern. Was immer sie opferten, mußte vom Besten sein. Als besonderes Geschenk verliehen die Götter ihr und ihren Nachfolgern die Gabe, Kranke zu heilen und die Zukunft zu deuten.

Diese Lehre akzeptierte ich mit kindlichem Vertrauen als die einzig richtige Religion. Heute weiß ich, daß die Menschen durch den eintönigen Singsang, die Gebete und die rhythmischen Tänze, die von Glocken und Trommeln begleitet werden, in Trance versetzt und zur Raserei getrieben werden.

In unserer Familie entstand kein Konflikt durch Mutters Religion. Sie verlangte keineswegs, daß unser Butsudan oder der Schinto-Schrein abgerissen werden sollte. Auch brauchte sie kein besonderes Götterregal.

Ich glaube, daß Vater von dieser neuen Möglichkeit der Unterstützung ganz angetan war. Er besaß eigentlich keinen eigenen Glauben, war aber wie die meisten Japaner der Meinung, daß es nicht schaden könnte, wenn Mutter den Segen neuer Götter suchte – nur für den Fall, daß irgendeiner von ihnen tatsächlich über etwas Macht verfügte.

Meine Mutter hätte mit zu den ersten gehören müssen, die als Nachfolgerin Tenri-kyos irdische Segnungen verdient hatte, so groß war ihr Glaube und ihre Hingabe an die Religion.

Es war während der schrecklichen Knappheit der letzten Kriegsjahre, in denen die Beschaffung von Nahrungsmitteln die größte Sorge jedes Familienvaters war. Vater hatte ja noch den Bauernhof neben seinem Beruf und bewirtschaftete ihn so eifrig, als ob er seine einzige Einnahmequelle darstellte. Und Mutter gab großzügig von seinen Sojabohnen, seinem Mais, Reis und Gemüse. Ich weiß nicht, was Vater von dieser Freigebigkeit hielt oder ob er ihr das Verschenken jemals verbot, doch teilte sie unsere Erträge weiterhin mit den Priestern und allen, die in Not waren.

Vor ihrer ersten Erkrankung war sie zu einer Art Unterführerin ernannt worden und hatte die Glokke und den Gong übernommen. Diese Ehre bedeutete ihr höchstes Glück.

Ich war fünfzehn, als Mutter ihren ersten Schlaganfall bekam. Eine schreckliche Angst packte mich. Ich traute ihren Freunden nicht, die scharenweise in unser Haus strömten und sie durch Glauben, Gesang, Handauflegen und viele Gebete heilen wollten. Ich glaube, damals wurde mir zum erstenmal bewußt, daß ich Mutters Religion nur mitgemacht hatte, um ihr einen Gefallen zu erweisen.

„Deine Mutter wird wieder gesund werden", versicherte mir eine Nachbarin, die häufig mit uns zum Tempel ging. „Wir haben gebetet, gesungen, die Glocke geläutet und ihr geweihtes Wasser zu trinken gegeben. Sie ist eine gute Frau und hat einen starken Glauben. Die Götter werden sie heilen!"

Ich glaubte nicht, daß Mutter sterben könnte. Genausowenig vermochte ich aber zu glauben, daß ihre Religion sie gesund machen würde. Wie mein Vater, so schenkte auch ich das geringe Vertrauen, das ich besaß, unserem Arzt. Ich war ständig in ihrer Nähe, geplagt von Gewissensbissen, daß ich ihr oft wehgetan hatte, indem ich abends später als erlaubt nach Hause gekommen oder in der Pflege meiner Garderobe unachtsam gewesen war. Mit Freuden hätte ich mein Leben geopfert, wenn sie dadurch wieder gesund und kräftig geworden wäre.

Langsam kehrte ihre Kraft zurück, doch blieben ihre rechte Hand und das linke Bein gelähmt und sprachen auf die Behandlung nicht an. Monate vergingen, ohne daß eine Besserung eintrat. Auch der Arzt konnte uns keine Hoffnung machen, daß sie jemals wieder gehen und ihre häuslichen Arbeiten verrichten könnte. Ich war wie betäubt vor Schmerz und Kummer.

In jenen schweren Wochen war es meine Aufgabe, Mutter zu pflegen und den Haushalt zu versorgen. Meine Schwester Yuriko hatte die Nähschule besucht und arbeitete, und meine beiden Brüder studierten. Vater hatte nicht nachgegeben und ihnen finanziell nicht unter die Arme gegriffen, doch hatten sie einen Ausweg gefunden. Yasuzo war bereits verheiratet.

Ich mußte den Holzboden der Küche mit Reiskleie und einem an einem Stock befestigten Tuch blank scheuern, das Frühstück aus Reis und gesalzenem Lachs zubereiten und für Vater das Mittagessen richten. Es bestand meist aus Gemüse mit einem würzigen Stück Rind- oder Schweinefleisch oder gebratenem Fisch und etwas weißem Reis und Tee.

Ich hatte das Haus zu putzen, die Kimonos zusammenzulegen und Tee zuzubereiten. Und ich mußte Mutters Haar auf dem Hinterkopf zu einem festen kleinen Knoten zusammenstecken. Das war sehr schwierig für mich – nicht nur, weil ich alle diese Arbeiten verrichten mußte, sondern auch, weil ich ihre Anweisungen aufs genaueste zu befolgen hatte.

„Du bist mit dem Besen nur über den Hauseingang gehuscht", kritisiert sie. „Mach's noch einmal; nimm diesmal aber auch die Ecken mit!"

Mit ihrer Frisur war sie nie zufrieden. „Nein, nein, nein, Yoneko, so will ich es nicht haben. Bringe es hier 'rüber – so!" Sie machte eine Handbewegung und versuchte, es mir verständlich zu machen.

Also löste ich ihr langes, schwarzes Haar wieder auf und versuchte es noch einmal. Ich war völlig verwirrt und ratlos, so daß mir leicht die Tränen kamen.

Heute weiß ich, daß Mutter in jenen Tagen nicht sie selbst war. Sie war immer lebhaft und rege gewesen, und ihr Geist war es auch jetzt noch, nur gehorchten ihr ihre Glieder nicht mehr. Mit ihrem Herumnörgeln an mir wollte sie sich über ihre Not und Schmerzen Luft machen.

Ihre Vorwürfe trafen mich um so schmerzlicher, als sie mich doch früher mit keinem Wort getadelt hatte. Ich war todunglücklich.

Eines Tages kam Vater mit der Nachricht nach Hause, daß er von einem Ort gehört habe, wo man Mutter vielleicht helfen könnte, und zwar durch heiße Quellen, die einige hundert Kilometer von unserem Wohnort entfernt waren. Angeblich sollten dort Menschen mit ähnlichen Erkrankungen auf wunderbare Weise geheilt worden sein.

„Ich werde dich und Yoneko dorthin bringen", sagte er zärtlich. „Du kannst so lange dort bleiben, wie du es für nötig hältst."

Ich beobachtete Mutters schmales Gesicht und fürchtete, sie könnte die Reise dorthin als Verleugnung ihrer Religion betrachten und sich weigern hinzugehen. Dieser Gedanke mag ihrem Herzen sehr nahe gelegen haben. Ihr Vertrauen auf ihre geliebte Tenri-kyo war stark. Andererseits war sie eine pflichtbewußte Ehefrau, die ihrem Mann gehorchte. Welcher Art auch immer ihre Gefühle gewesen sein mochten, wir reisten zu den Quellen.

Während unseres Aufenthalts dort wohnten wir in einem kleinen Wohn-Schlafzimmer. Mutter ging mehrmals täglich ins Wasser und blieb so lange darin, bis sie die intensive Hitze nicht mehr aushalten konnte. Ich ging mit ihr hinein und wartete am Bekkenrand auf sie, wenn es mir zu warm wurde. Ich hätte sie nicht allein gelassen, selbst wenn ich gekonnt hätte. Ich wollte bei ihr bleiben, falls ich gebraucht würde.

Ich band ihr die weichen Strohsandalen unter die Füße, damit sie sie nicht verlor, wenn sie mühsam dahinschlurfte, und gab ihr ihren Stock in die Hand. Trotz des Stocks mußte ich sie stützen, so daß ich völlig erschöpft war, wenn wir die 200 Meter zu der Stelle zurückgelegt hatten, wo sie ins Wasser stieg.

Überall um uns herum waren Menschen, die weniger verkrüppelt waren als Mutter. Ich beneidete sie und mißgönnte ihnen ihr Glück. Warum konnte nicht einer von ihnen an Mutters Stelle leiden? Warum mußte jemand, der so gut, so liebevoll und großzügig war wie sie, so viel durchmachen?

Ich fühlte mich einsam an den Quellen und sehnte mich nach Hause zurück, doch noch mehr lag mir Mutters Genesung am Herzen. „Es geht schon etwas besser“, sagte ich zuversichtlich, als ob allein das Aussprechen dieses Gedankens ihn auf unerklärliche Weise verwirklichen könnte.

„Hai“, antwortete sie. „Ja, ich glaube es auch.“

Ich bin davon überzeugt, daß ich meinen ausgeprägten Unabhängigkeitswillen von ihr geerbt habe. Sie wollte immer alles allein machen, selbst als ihre Lähmung am schlimmsten war.

„Ich kann meine Finger etwas bewegen.“

Es schnitt mir ins Herz, als ich beobachtete, wie sie sich krampfhaft bemühte, auch nur mit einem Finger so zu zucken, daß ich die Bewegung sehen würde.

„Siehst du?“

„Hai!“ Ich bemühte mich, meiner Stimme einen überraschten, freudigen Klang zu geben, obwohl wir beide wußten, daß ich überhaupt nichts gesehen hatte. Es war ein kleines Täuschungsmanöver, dessen wir uns bedienten, um uns gegenseitig Mut zu machen.

Doch eines Tages bewirkte die Wärme des Wassers oder die darin enthaltenen Mineralien oder Mutters Entschlossenheit, daß sich die Bande, die Arm und Bein umklammert hielten, zu lösen begannen.

Ich weinte, als ich zum erstenmal sah, daß sie ihre erkrankte Hand bewegen konnte.

Danach schien jeder neue Tag eine kleine Besserung zu bringen. Zuerst konnte sie eine Zehe, dann ihr Fußgelenk bewegen. Noch nicht sehr viel, denn die Bande begannen, sich zu lösen, waren aber noch nicht zerrissen. Dann wurde ihr Knie lockerer. Der Zauber begann, auch an ihrem Arm zu wirken. Ihr Handgelenk reagierte auf ihren Bewegungswillen, ebenso ihr Ellenbogen und die Finger.

Triumphierend streckte sie ihre verkrüppelte

Hand aus. „Schau mal, Yoneko!" Sie bewegte einen Finger nach dem anderen.

Jetzt hatten wir es nicht mehr nötig, Theater zu spielen. Für jeden war die Besserung deutlich sichtbar. Gegen Ende des Monats konnte sie ohne meine Hilfe laufen und benötigte den Stock nur noch, um das Gleichgewicht zu halten. Es war ein großartiger Triumph. Überglücklich fuhren wir nach Hause zurück.

Nach unserer Rückkehr bekundete Mutter ein erneutes Interesse an ihrer Religion, als ob die Götter die Bitten der Gläubigen tatsächlich beantwortet und ihrem kranken Körper Heilung geschenkt hätten. Ich konnte zwar ihren Überlegungen nicht folgen, aber schließlich war es ja gleichgültig, ob die heilkräftige Wirkung der warmen Quellen oder die Gebete der Tenri-kyo-Nachfolger das Wunder bewirkt hatten. Ihre Gesundheit war fast vollständig wiederhergestellt. Mehr konnten wir nicht erwarten.

Der Arzt hätte uns darauf hinweisen müssen, daß sich ein Schlaganfall ohne Vorankündigung wiederholen könnte. Er tat es jedoch nicht. Und wir alle waren überzeugt, daß Mutter gesund war und keine weiteren Schwierigkeiten haben würde. Es dauerte fast zwei Jahre, bis das Unglück erneut über uns hereinbrach.

Nach ihrer Rückkehr hatte Mutter jeden Morgen einen Spaziergang durch die Nachbarschaft gemacht. Sie wanderte den kleinen Hügel zum Park hinab und folgte dann den schmalen Pfaden, bis sie müde war. Es war immer dieselbe Strecke. Durch diesen Spaziergang kräftigte sie ihre Beine und genoß dabei die warme Frühlingsluft.

Aus irgendeinem Grund war ich besorgt, als ich sie an jenem Morgen das Haus verlassen sah. Eine namenlose, unerklärliche Angst überfiel mich, und ich bestand darauf, sie zu begleiten.

Gewöhnlich freute sie sich über meine Gesellschaft, doch an diesem Tag wollte sie allein sein. Sie machte aber keine Einwände, bis wir die Hälfte der Entfernung zum Park zurückgelegt hatten. „Du brauchst nicht weiter mit mir zu gehen, Yoneko", sagte sie schroff.

„Es könnte aber sein, daß du Hilfe brauchst", wandte ich ein.

„Unsinn! Geh zurück! Ich schaffe es sehr gut allein."

Dennoch wollte ich sie nicht allein lassen. Es war fast, als hätte ich geahnt, daß dies die letzte Gelegenheit war, mit ihr zu gehen.

„Yoneko", wiederholte sie, entrüstet durch mein Zögern, ihrem Befehl nachzukommen, „geh' nach Hause! Ich brauche dich heute morgen nicht. Ich möchte unterwegs eine Freundin besuchen."

Widerwillig machte ich mich auf den Heimweg.

Mutter blieb unbeweglich auf dem Pfad stehen und schaute mir nach. Oft habe ich darüber nachgedacht, ob sie wohl eine Vorahnung von dem hatte, was kurz darauf passieren würde, und mir den Schmerz ersparen wollte, sie fallen zu sehen, oder ob sie mir meine Besorgnis um sie übelnahm und nun ärgerlich über mich war. Ich werde es nie erfahren.

Bestürzt und durch die heftige Zurückweisung etwas gekränkt machte ich mich auf den Weg den Hügel hinauf, ohne zurückzublicken.

Ich hatte wohl die Hälfte des Weges zu unserem Haus zurückgelegt, als sie sich, schwer auf ihren Stock gestützt, in den Garten ihrer Freundin, die sie besuchen wollte, schleppte. Unsere Nachbarin hatte sich erst kürzlich zu dem Glauben an Tenri-kyo bekehrt, und sie und Mutter hatten viel miteinander zu besprechen. Sie besaß den Eifer der Neubekehrten und war ziemlich forsch darin, ihren Glauben zu bezeugen. Für Mutter war es eine Freude, mit ihr zusammen zu sein.

Dann passierte alles auf einmal.

Mutter ging langsam auf die Haustür zu, als der große Hund ihrer Freundin, bis zu jenem Moment unbemerkt, wie wild bellend um die Ecke des Hauses auf sie zugerannt kam. Niemand konnte nachher verstehen, weshalb er sich so seltsam benommen hatte. Vielleicht war es der Stock, der ihn wütend gemacht hatte, oder ihre zögernden Schritte gaben ihm das Gefühl, daß irgend etwas nicht stimmte und die Familie, die er zu beschützen hatte, bedroht war. Er kannte Mutter gut, und obwohl er sie hin und wieder anbellte, war seine Ablehnung ihr gegenüber noch nie so heftig gewesen wie an diesem Tag.

Ich hörte ihn bellen und fuhr herum, von panischer Angst gepackt. Ich brauchte gar nicht zu *sehen,* was geschah. Ich *wußte,* daß sie in höchster Not war.

Der Hund hatte sich in halb geduckter Stellung zwischen sie und das Haus gestellt. Er bellte immer wütender. Mutter schwankte und umklammerte mit beiden Händen ihren Stock. Langsam gaben ihre Knie nach, und sie brach zusammen.

Ich schoß den Hügel hinab und warf mich auf sie, den Hund völlig außer acht lassend, schüttelte sie und flehte sie an, wieder aufzustehen.

Dann kamen die Nachbarn auf uns zugelaufen.

„Holen Sie Dr. Yenai!" schrie ich. „Jemand soll Dr. Yenai holen!"

„Nein!" befahl die Freundin meiner Mutter mit fester Stimme. „Das würde alles verderben. Wir haben das geweihte Wasser. Es ist von den Priestern gesegnet worden. Wenn sie das trinkt, wird sie gesund werden!"

Ich hatte Mutter schon einmal so gesehen: die Augen geschlossen und schwer atmend. Obwohl ich noch sehr jung war, war mir doch klar, daß sie einen erneuten Schlaganfall erlitten hatte. „Ruft den Arzt!" bettelte ich. „Bitte! Laßt doch Dr. Yenai rufen!"

Eine der Frauen wollte den Arzt rufen, doch die Frau, der Mutter einen Besuch abstatten wollte, wurde wütend. Sie versperrte den Weg. „Wenn Sie den Arzt rufen, tragen Sie die Schuld an ihrem Tod. Sie ist eine gute und gläubige Frau. Die Götter werden sie heilen!" Ohne viel Federlesens schob sie mich beiseite, kniete sich hin und legte Mutters Kopf in ihren Schoß. „Trink das!" murmelte sie, als ob Mutter sie hätte hören können. „Trink nur ein klein wenig davon, und du wirst wieder gesund. So ist's richtig. Ah! Yoneko, hast du gesehen? Sie hat getrunken. Die Götter werden sie heilen und ihr ein langes und glückliches Leben schenken."

In meinem Innern war alles taub und tot. Sie hatte Mutter etwas Wasser auf die Lippen geträufelt, und es war ihr über das Kinn hinuntergelaufen; ich hatte aber nicht einen einzigen Tropfen in ihren Mund fließen sehen.

Wäre ich ein wenig älter oder etwas selbstbewußter gewesen, hätte ich trotz aller wütenden Einwände seitens unserer Nachbarin Dr. Yenai gerufen. Ich wollte meinen Vater holen. Er würde wissen, was zu tun war. Aber es war nicht möglich. Er war zur Arbeit gegangen, und ich wußte nicht, wie er zu erreichen war.

Mutters Freundin begnügte sich damit, sie dort, wo sie im Garten gefallen war, in der Annahme liegen zu lassen, daß sie jeden Moment die Augen öffnen, aufstehen und zum Teetrinken ins Haus kommen würde. Eine gewisse Nervosität hatte sie überfallen, so, als sollten wir bald Zeugen eines Wunders werden, mit dem Tenri-kyo selbst Spötter für den Glauben gewinnen würde.

Ich aber konnte Mutter nicht hilflos auf der Erde liegen sehen. Schließlich borgte ich mir von jemandem eine Schiebetür, die man nachts zum Zusperren der Haustür benutzt, und vorsichtig legten wir sie darauf und brachten sie ins Haus.

Endlich, spät am Nachmittag, hielt ich es nicht länger aus. Ohne jemandem ein Wort zu sagen, verließ ich das Haus und rief unseren Hausarzt an. Er kam sofort.

„Es ist schon fast zu spät“, sagte er, während er Mutter ernsten Gesichts untersuchte. „Es ist ein sehr schwieriger Fall. Man hätte mich schon vor Stunden rufen sollen.“

Er trieb ein paar Männer auf, die sie den Hügel hinauf in unser Haus trugen, und sagte uns, daß wir mit dem Schlimmsten zu rechnen hätten. „Selbst wenn ich sofort gerufen worden wäre, wäre es schwierig gewesen. So, wie es jetzt aussieht –“ Er machte eine hilflose Handbewegung.

Drei Tage hindurch wich ich nicht von Mutters Bett, aß nicht und schlief nicht. Auch Vater war da, schaute sie besorgt an und sprach kaum ein Wort.

Ich wußte, daß sie nie wieder gesund werden würde, daß ich ihre Stimme nie wieder hören könnte. Ich hörte den Arzt mit meinem Vater, mit Yasuzo und seiner Frau sprechen, hörte, wie sie untereinander und mit meiner älteren Schwester flüsterten. Ich wußte ohnehin, wie es stand. Ich glaube, ich wußte es von dem Moment an, als ich den Hund bellen hörte und sah, wie sie zusammenbrach.

Vater wollte mich wieder zur Schule schicken, nachdem ich zwei oder drei Tage versäumt hatte. Sie könnte noch eine ganze Weile so liegen, meinte er. Er würde bei ihr bleiben und sie versorgen.

Ich mochte sie nicht verlassen, doch der Gedanke, mich mit meinem Vater zu streiten, kam mir überhaupt nicht in den Sinn. Er sagte mir, was ich zu tun hatte. Ich gehorchte und ging in die Schule.

Am selben Nachmittag noch wurde ich in der Schule angerufen und gebeten, nach Hause zu kommen. Weiter nichts. Mehr war auch nicht nötig. Mutter war gestorben.

Die Mitglieder der Tenri-kyo-Sekte, die zu Mutters besten Freunden zählten, waren über ihren Tod verbittert. „Das beweist, daß sie eben nicht den Glauben besaß, den sie angeblich hatte“, tuschelten sie unter sich. „Sie hat uns betrogen, doch die Götter konnte sie nicht betrügen.“

„Sie war aber sehr großzügig“, bemerkte einer

von ihnen. „Während des Krieges hatte sie mit uns geteilt, was sie besaß."

„Das tat sie wahrscheinlich nur, um sich in Gunst zu setzen. Für die Götter war es nur Staub!"

Sie besuchten uns nicht und sprachen nicht mit uns, wenn wir ihnen auf der Straße begegneten. Mutter hatte ihrer herrlichen Religion Schmach zugefügt, weil sie an einem Schlaganfall gestorben war, wo doch jeder wußte, daß die Gläubigen geheilt wurden. Es war ihre eigene Schuld, daß sie nicht wieder gesund geworden war. Tief in ihrem Herzen hatte sie den Göttern wohl nicht genügend Vertrauen geschenkt, deshalb verweigerten sie ihr den Segen einer körperlichen Heilung. So etwas sagten sie uns gegenüber natürlich nicht, doch kam es uns zu Ohren. Freunde erzählten uns von ihrem Getuschel und ihrem Zorn auf meine Mutter.

Doch dieses Gerede ließ mich völlig kalt. In meinem Innern war alles leer und tot. Ich hatte nicht geahnt, wieviel Mutter mir bedeutete und wie sehr ich sie vermissen würde. Jetzt war das Leben nicht mehr wert, gelebt zu werden. Es war sinnlos. Bedeutungslos.

Für Tenri-kyo empfand ich nur Verachtung. Alle Religion war nur eine Farce!

4

Die folgenden Wochen waren für mich ein Alptraum voll Leid und Schmerz. Ich war ein Wesen ohne Geist und Verstand, ohne Gefühl und ohne Seele. Ich ging in die Schule, kam nach Hause, ging mit Freunden aus und blieb so lange weg, daß sich Yuriko Sorgen um mich machte. Oft schalt sie mich aus, doch ich kümmerte mich nicht um ihre Vorwürfe.

Bis zum Tod meiner Mutter hatte ich nie irgendwelche Nachtlokale besucht, mich auch nicht halbe Nächte hindurch mit Freunden herumgetrieben, und ich war keineswegs so wild und ausgelassen gewesen wie jetzt. Ich wollte es nicht einmal mir selbst gegenüber eingestehen, doch in Wirklichkeit suchte ich Vergessen. Trotzdem spürte ich, wie Trauer und Schmerz in meinem Herzen bohrten, genauso wie an jenem schrecklichen Morgen, als ich den Hügel hinuntergerannt war und die leblose Gestalt meiner Mutter am Boden hatte liegen sehen.

Als ich an einem späten Abend im Februar im Zug saß, überfiel mich eine seltsame Nervosität. Eigentlich hätten wir uns dem berühmten Vergnügungszentrum am Strand nähern müssen, das seit Jahrzehnten den Einwohnern Tokios Entspannung und Unterhaltung bot. Wir waren lange genug gefahren und hätten längst schon dort sein müssen. Doch der Zug raste weiter, ohne sein Tempo zu verlangsamen.

Ich warf noch einmal einen Blick auf meine Uhr, war jedoch so durcheinander, daß ich die Zeit nicht ablesen konnte. Ich schaute zum Fenster hinaus. Doch es war sinnlos, in den vorbeirasenden, vom Mondlicht überfluteten Häusern und Straßen nach einem Orientierungspunkt zu suchen. Ich konnte nichts erkennen, das mir bekannt vorgekommen wäre.

Mir wurde übel. Ich zitterte am ganzen Körper. Es gab keinen Zweifel mehr: Ich saß im falschen Zug – schon wieder. In Groß-Tokio geboren und aufgewachsen, kannte ich mich in dem öffentlichen Verkehrsnetz so gut aus wie in meiner Westentasche. Dennoch saß ich jetzt zum dritten oder vierten Mal in jener Nacht im falschen Zug.

Ich hatte bereits einen Entschluß gefaßt und wußte, was ich tun würde. Dieser Entschluß war allmählich in mir gereift. Im Grunde hatte ich es bereits die ganze Zeit über vorgehabt. Deshalb war mir auch so viel daran gelegen, an den Strand zu kommen. Hatte ich erst einmal das Meer erreicht, wollte ich Mantel und Schlittschuhe ablegen, damit meine Angehörigen wüßten, wohin ich gegangen und was mit mir passiert war. In meiner Verwirrung und meinem Jammer glaubte ich, dies genügte, um ihren Schmerz zu lindern. Dann wollte ich ins Meer hinauslaufen, wollte laufen und laufen und laufen. Bei jedem Schritt wollte ich meinen Schmerz, meine Verbitterung und Verzweiflung hinausschreien und dem Wind zuwerfen, bis mich die Flut erbarmungslos in den warmen, alles auslöschenden Schoß des Meeres ziehen würde, wo ich endlich nicht mehr zu leiden brauchte.

Nachdem ich mich dazu durchgerungen hatte, mir das Leben zu nehmen, kam eine verbissene Entschlossenheit über mich. Ich mußte so schnell wie möglich zum Hauptbahnhof zurück und von da aus ans Meer gelangen. Dort würde ich meinen Plan ausführen und dem Alptraum, zu dem mein Leben geworden war, ein Ende machen.

Allein im Zug, versuchte ich, mir ins Gedächtnis zurückzurufen, in wie vielen Zügen ich an jenem schrecklichen Abend bereits gesessen hatte, wie oft ich nach Abfahrt des Zuges feststellen mußte, daß ich den falschen Zug erwischt hatte und daraufhin wieder zurückgefahren war. Es gelang mir nicht; ich konnte es nicht zählen. Und wieder saß ich im falschen Zug.

Ich drehte mich langsam um und starrte auf die leeren Sitze und die geschlossenen Türen. Vor meinen Augen versank die ganze Welt in einem Wirbel von Lärm, Schmerz und Einsamkeit. Mir war, als hätte ich bereits ein Leben lang in diesem Zug gesessen und wäre dazu verdammt, in alle Ewigkeit weiterfahren zu müssen.

„Yoneko“, flüsterte ich heiser, als könnte ich meinen Namen vergessen und damit den Kontakt zur Wirklichkeit vollends abbrechen.

Yoneko. Meine Großmutter hatte mir diesen Namen gegeben. Sie hatte ihn mit dem Gebet für mich ausgesucht, daß ich zeitlebens gut versorgt sei und das ehrbare Alter von 88 Jahren erreichen möge.

Der erste Wunsch war in Erfüllung gegangen. Mein Vater hatte nach dem Tod meiner Mutter seinen eigenen Schmerz beiseite geschoben und versucht, mir das Glück zu kaufen. Doch die Dinge, die er kaufte, brachten mir keine Befriedigung. Mein Leben war leer und sinnlos.

Der zweite Wunsch jagte mir Angst und Schrekken ein. Er stellte eine Strafe dar, eine zentnerschwere Last, die ich mit mir herumzuschleppen hatte. Warum in aller Welt sollte jemand 88 Jahre alt werden wollen? Ich konnte nicht einmal den Gedanken ertragen, einen weiteren Tag durchleben zu müssen!

Der einzige Fahrgast, den ich neben dem Schaffner in der kleinen Kabine im Vorderteil des Waggons ausmachen konnte, war ein Pendler aus der Umgegend, der sich erschöpft auf die abgenutzten Polster hatte fallen lassen und die Augen gegen das dämmrige Licht geschlossen hielt. Als der Zug vor der Einfahrt in eine andere Station bremste, regte er sich. Er hatte womöglich überhaupt nicht geschlafen.

Angstvoll überlegte ich, ob er wohl gehört haben könnte, wie ich meinen Namen wiederholt hatte, und wenn, was er sich wohl gedacht hatte. Es war kaum anzunehmen, daß meine Stimme über dem Schienengeratter zu hören gewesen war. Ich war jedoch innerlich so aufgewühlt, daß ich mir nicht sicher war. Überhaupt war ich mir über nichts mehr sicher.

Der Pendler schaute mich mit zusammengekniffenen Augen an, während sich seine Stirn fragend kräuselte. Flüchtig schweifte sein Blick von meinem ovalen Gesicht zu den über meinen Schultern hängenden Schlittschuhen. Ich wußte, was er dachte. Nicht viele Mädchen besaßen Schlittschuhe, die soviel wie eine Herrenarmbanduhr oder ein Mantel aus einem der besseren Geschäfte kosteten. Er wunderte sich wahrscheinlich, wie ich an das Geld gekommen war. Und wenn ich ein anständiges Mädchen war, wieso war ich dann zu so später Stunde noch unterwegs?

Ich verspürte einen fast unüberwindlichen Drang, ihm zu erklären, daß mein Vater sie für mich gekauft hatte und ich so spät noch unterwegs war, weil ich den Gedanken daran nicht ertragen konnte, allein zu Hause zu sein, und daß ich auch jetzt nicht in diesem Zug säße, wenn meine verwirrten Sinne richtig funktioniert hätten. Ich konnte nicht einmal den richtigen Zug dorthin finden, wo ich hinwollte.

Trotz dieses Bedürfnisses, dem fremden Fahrgast alles zu erklären, machte ich keine Anstalten dazu. Was ich tat oder nicht tat, ging diesen Menschen ja gar nichts an, überlegte ich.

„Steigst du aus?“ fragte er.

Jetzt sah ich, daß er eine von den pornografischen Zeitschriften las, die die Männer häufig kauften, im Zuge lasen, aber nicht nach Hause brachten.

Er blickte auf, und ich fuhr unter seinem wollüstigen Blick zusammen. Eine entsetzliche Wut packte mich. „Steigst du aus?“ wiederholte er.

Ich erinnere mich nicht mehr daran, was ich antwortete und ob ich überhaupt etwas sagte. Ich weiß nur, daß ich wie eine Nachtwandlerin ausstieg und hilflos und allein auf dem leeren Bahnsteig herumirrte, bis die roten Lichter am Ende des letzten Waggons verschwunden waren. Ich war froh, daß der Mann mit seinen schrecklichen Augen weitergefahren war.

Was war nur los? War ich im Begriff, den Verstand zu verlieren?

Hätte ich am Nachmittag mehr als einen halben Liter Bier getrunken, dann wäre ich überzeugt gewesen, daß der Alkohol meine Sinne so umnebelt hielt. Doch ich hatte ja fast nichts getrunken. Meine Freunde waren ziemlich betrunken gewesen, als sie sich entschlossen hatten, nach Hause zu gehen. Sie hatten mich schon vor Stunden vor dem Bierlokal stehen gelassen. Jede eventuelle Nachwirkung von Alkohol hätte längst abklingen müssen.

Für einen Moment überdachte ich meine Situation. Wenn ich zum Strand wollte, mußte ich noch einmal versuchen, einen Zug zum Hauptbahnhof zu finden.

Ich schaute auf den Fahrplan am Anschlagbrett. Es würde eine Weile dauern, bis der nächste Zug zurückfuhr. Die letzten Pendler waren bereits daheim, und die auf die Hauptverkehrszeit abgestimmten Fahrpläne wiesen nur wenige Nachtzüge auf.

Unruhig und vor Kälte und Angst zitternd trat ich an den Rand des Bahnsteigs. Die Stadt hinter dem Bahnhof schlummerte friedlich. Wie wäre es wohl, wieder einmal zur Ruhe zu kommen? überlegte ich. Was für ein Gefühl würde es sein, traumlos zu schlafen und aufzuwachen, ohne einen Eisklumpen im Leib zu verspüren?

Die Ereignisse des vergangenen Tages ließen mich noch nicht los. Ich war wie benebelt, unfähig, einen klaren Gedanken zu fassen. Die einzelnen Geschehnisse konnte ich nicht mehr voneinander unterscheiden – bis heute ist es mir nicht gelungen.

Der ganze Nachmittag bestand aus einem Durcheinander von drängelnden Menschenmassen und Zügen, die mich nie dahin brachten, wohin ich wollte.

Für das erstemal, als ich in den falschen Zug eingestiegen war, hätte ich vielleicht eine Entschuldigung finden können, obwohl mir das noch nie passiert war. Der Strom nach Hause eilender Arbeiter hatte mich einfach mitgerissen. Ohne mich zur Wehr zu setzen, war ich in den überfüllten Zug geschubst worden. Zwei oder drei Haltestellen später hatte ich meinen Irrtum erkannt und war ausgestiegen.

Es war noch früh, und alle paar Minuten fuhr ein Zug. Doch ich war so kopflos, daß ich gar nicht daran dachte, gleich zum Hauptbahnhof zurückzufahren. Ich lehnte mich erschöpft an das Bahnsteigsgeländer und blickte auf die Häuser und Straßen der Stadt hinab.

In mindestens einem Zimmer der Häuser brannte Licht, und an jeder Kreuzung blinkten die Verkehrsampeln. Das Dach eines in der Nähe geparkten Wagens glänzte wie poliertes Silber. Zuerst war der Effekt verblüffend. Dann sah ich, daß der Wagen den fahlen Strahl des Mondes reflektierte.

Ich konnte nicht ganz verstehen, weshalb auf den unter mir liegenden Straßen kein Mensch zu sehen war. Selbst die Taxifahrer hatten bis zum nächsten Morgen aufgehört, nach Kunden Ausschau zu halten.

Zögernd stieg ich die kalten Betonstufen hinab auf die Straße. Ich hörte, wie ein Zug in Richtung Hauptbahnhof abfuhr. In meinem Unterbewußtsein fiel mir ein, daß ich ja eigentlich hätte drinsitzen müssen. Doch dieser Gedanke beunruhigte mich kaum. Was machte es schon aus, wann ich zurückfuhr und ob ich überhaupt zurückfuhr? Das kümmerte doch keinen Menschen.

Wie eine Schlafwandlerin überquerte ich die Straße und zwang mich zum Gehen, ohne auf meine Bewegungen achtzugeben.

Zwischen den Häusern verstreut gab es ein paar Geschäfte. Ich blieb stehen, schaute in ein oder zwei Schaufenster und versuchte, ein Interesse zu entwikkeln, das gar nicht vorhanden war. Selbst im hellen Mondlicht konnte ich nichts sehen. Meine Augen waren wach, doch meine Sinne arbeiteten nicht.

Wie so oft in den Wochen davor beschlich mich wieder das Gefühl der Einsamkeit. Heimtückisch stahl es sich in mein Bewußtsein und umschlang jede Faser meines Herzens mit seinen eisigen Fangarmen. Solche Einsamkeit war mir bisher unbekannt. Es war, als sei ich allein in der Welt übriggeblieben. Kein Mensch war da, mit dem ich hätte sprechen können – niemand, der sich um mich kümmerte. Ich war allein – ganz allein.

Es war schon schlimm genug gewesen, daß meine Mutter sterben mußte. Als mich aber meine beste Freundin auch noch im Stich ließ, war ich völlig verzweifelt. Ich hatte mich so sehr nach jemandem gesehnt, der mich verstehen würde, daß ich ihr mein Herz ausgeschüttet und ihr Dinge anvertraut hatte, über die ich bis dahin mit keinem Menschen gesprochen hatte. Ich war so davon überzeugt gewesen, daß sie nichts von dem, was ich ihr erzählte, verraten würde.

Doch sie mißbrauchte mein Vertrauen. Aus mir noch immer unbegreiflichen Gründen verbreitete sie, was ich ihr mitgeteilt hatte, auf Schritt und Tritt. Dutzendemal kam es zu mir zurück – so entstellt und übertrieben, daß ich es kaum wiedererkannte.

Heute weiß ich, daß ich mein Vertrauen nicht auf Menschen setzen darf, doch diese bittere Lektion hatte ich damals noch nicht gelernt. Ich war völlig zerschmettert. Wenn ich ihr nicht trauen konnte, könnte ich überhaupt niemandem mehr trauen, überlegte ich. Dieser Gedanke erdrückte mich fast. Ich war innerlich wie erstarrt.

Weshalb mußte ich solche Qualen ertragen? Weshalb hatte sich die ganze Welt gegen mich verschworen? Einen Augenblick war ich sogar auf meine Mutter böse, als ob ihr Sterben auch zu diesem Komplott gegen mich gehört hätte.

Dann meinte ich, meinem Vater vertrauen zu können, doch er und mein älterer Bruder schmiedeten Heiratspläne für mich. Yuriko, meine Schwester, hatte sich verliebt und war jetzt verlobt. Dagegen hatte Vater nichts einzuwenden gehabt. Bei mir aber war das anders. Er hatte nicht genug Vertrauen zu mir, um mir das gleiche Recht einzuräumen, so, als ob ich jemanden aussuchen würde, der Unglück über mich und Unehre über unsere Familie bringen würde.

Ich wußte genau, was er dachte. Er hatte es mir verraten. Ein unerfahrenes, leichtfertiges Mädchen hatte doch keine Menschenkenntnis. Wie sollte ich den Ruf, den die Familie meines zukünftigen Ehemannes genoß, beurteilen können, damit mein Name und der meiner Familie geehrt würde?

Heute sehe ich ein, daß die Suche nach einem Ehemann für mich nur ein unbeholfener Versuch war, mir über Mutters Tod hinwegzuhelfen. Damals meinte ich jedoch, mein Vater wolle sich der Verantwortung für mich entziehen, und ich glaubte zu erkennen, daß ich von meiner Familie verstoßen würde.

Als ich mich meiner besten Freundin anvertraut und diese mich verraten hatte, war das Maß voll. Ich hatte das Gefühl, es gebe keinen Menschen, der mich liebte, niemand, dem ich vertrauen konnte. Ich war nur noch ein leeres Gehäuse, das sprach, handelte und sich bewegte. Die wirkliche Yoneko existierte nicht mehr.

Diese Überlegungen jagten mir durch den Kopf, während ich die Straßen auf und ab ging und mich bemühte, Ordnung in meine verworrenen Gedanken zu bringen. Schließlich schleppte ich mich wie betäubt zum Bahnhof zurück.

Als ich mich dem Wagen näherte, dessen Dach das Mondlicht widerspiegelte, kamen mein ganzes Elend, meine ganze Einsamkeit und Verwirrung zum Ausbruch. Warum gerade dieser Anblick eine solche Verzweiflung in mir hervorrief, weiß ich bis heute nicht. Ich war einfach am Ende. Ich mußte etwas unternehmen. Was immer auch noch geschehen sein mochte, ich *mußte* noch an diesem Abend ans Meer kommen!

Meine Lehrer würden nicht allzusehr überrascht sein, wenn sie den Zeitungsbericht lasen. Auf der Suche nach dem Sinn des Lebens war ich mehrmals zu ihnen gekommen, doch hatten sie mir auch nicht helfen können.

„Es ist nicht gut, über solche Dinge nachzugrübeln“, wurde mir gesagt. „Du solltest ernsthafter lernen, damit du bessere Zensuren erhältst. Stattdessen hängst du tiefsinnigen Gedanken nach. Deshalb bekommst du auch in bestimmten Fächern keine guten Noten. Belaste dich doch nicht mit Gedanken an das Leben nach dem Tod. Denk einfach nicht an solche Dinge!“

Einer unter ihnen war mehr als die anderen bereit, mir zu helfen, doch auch er wußte keine Antwort auf meine bohrenden Fragen. „Es ist dumm, wenn ein hübsches Mädchen wie du Probleme wälzt, die man nun einmal nicht lösen kann“, sagte er. „Die größten Denker der Welt haben sich mit solchen Ideen auseinandergesetzt und keine Antwort gefunden. Schlag dir diese albernen Gedanken aus dem Kopf! Halte immer nach neuen Interessen Ausschau, mit denen du dich beschäftigen kannst, und verfalle nicht ins Grübeln. Genieße die Jahre, die vor dir liegen!“

Ich hörte mir ihre Ratschläge an und versuchte, sie zu befolgen. Alle meine Lehrer waren von der Richtigkeit ihrer Aussagen so überzeugt und ließen einen solchen Redeschwall über mich ergehen, daß ich während des Gesprächs tatsächlich der Meinung war, ich hätte die Hilfe, die ich suchte, bekommen. Später sah ich dann ein, daß ihre Gedanken ebenso leer und nichtssagend waren wie meine. Ich sollte so handeln wie sie, das heißt: nicht zuviel nachdenken und in den Tag hinein leben.

Selbstverständlich waren mir meine Lehrer in vielen Dingen voraus. Doch ihren Ratschlägen in bezug auf Leben und Tod konnte ich nicht folgen.

Irgendwo mußte doch eine Antwort zu finden sein! Könnte ich sie nur finden, so gelänge es mir vielleicht, mein elendes Leben zusammenzuflicken und fortzusetzen. Wenn nicht, würde sich dieses Leben einfach nicht mehr lohnen.

Ich wünschte mir, daß der Onkel meiner Mutter noch lebte. Unsere Familie hatte ihm nie sehr nahe gestanden, und ich hatte ihn nur selten zu sehen bekommen. Als ich noch ein kleines Mädchen war, hatte er mir aber einmal zwei Bücher geschenkt.

Er war lange katholischer Priester in der Stadt Tachikawa gewesen, fünfzehn Kilometer von unserem Ort entfernt. Schließlich hatte er jedoch – aus Gründen, die ich von meinen Eltern nicht erfuhr – das Priesteramt aufgegeben und geheiratet.

Ich weiß nicht, ob er mir hätte helfen können. Wenn ich so verzweifelt war, daß ich nicht einschlafen konnte, wünschte ich mir aber oft, ich könnte ihn um Rat fragen.

Hätte ich auf meinen Vater gehört, wäre es mir gar nicht eingefallen, irgend jemanden wegen religiöser Dinge aufzusuchen. Er dachte genauso wie meine Lehrer. Sie alle konnten mit Religion nichts anfangen. Es ging allein um die Wissenschaft und den Menschen.

„Du solltest dich mit der Philosophie der größten Denker der Welt anhand ihrer alten Schriften beschäftigen", sagte mir einer meiner Lehrer.

„Lies die Werke moderner Schriftsteller", riet mir ein anderer. „Die modernen Philosophen brauchen den althergebrachten religiösen Glauben unseres Volkes nicht mehr zu verteidigen. Sie sind der Offenbarung der Wahrheit näher."

Da ich nicht wußte, wer recht hatte, befolgte ich den Rat beider Lehrer. In den folgenden Wochen vertiefte ich mich in die Schriften der bedeutendsten Philosophen Japans. Ich besorgte mir auch die Werke von Johann Wolfgang von Goethe und anderer westlicher Schriftsteller und las alles durch, was ich finden konnte.

Am meisten fesselte mich ein Buch mit dem Titel „Über den Selbstmord", ein kleines Taschenbuch.

Sie müßten Japan und unser Volk kennen, um solch ein Buch zu verstehen. Es ging um die Philosophie des Selbstmords und die Gedankengänge, die den einzelnen dazu bewegen, sich das Leben zu nehmen.

Ich war von diesem Buch fasziniert und fuhr, nachdem ich es gelesen hatte, mit verschiedenen Werken fort, in denen der gleiche Bereich unter anderen Gesichtspunkten abgehandelt wurde. Ich wollte die Wahrheit erfahren und so lange suchen, bis ich auf die Schriften irgendeines Menschen stoßen würde, der mir meine Fragen beantworten könnte.

Einige Autoren befaßten sich auch mit christlichem Gedankengut. Sicher waren diese Menschen ernsthaft auf der Suche und gaben in ihren Büchern das wieder, über das sie selbst Klarheit gewonnen hatten.

Ich las und las in der Hoffnung, irgendwie und irgendwo jemanden aufzuspüren, der in der Lage war, mir die Antwort auf die Frage nach dem Sinn des Lebens zu geben. All meinen Bemühungen zum Trotz fand ich jedoch nirgends Hilfe in meinen Ängsten und Zweifeln und auch keine Antwort auf die mich quälenden Fragen. Es gab keinen Frieden für mein bedrücktes Herz, keinen Sinn für mein Leben.

Als ich heranwuchs, hatte ich angefangen, Tagebuch zu führen, um meine intimsten Gedanken und Wünsche, die mir so wichtig erschienen, schriftlich festzuhalten. Es war eine Angewohnheit, die ich noch immer beibehielt. Nur änderte sich jetzt der Inhalt meiner Eintragungen. Ich begann Gedichte zu schreiben, die ebenso fragend und traurig waren wie mein eigenes Leben.

Ich beneide die Vögel.
Sie sind so frei.
Sie können fliegen, wohin sie wollen.
Ich aber kann mich
nicht so frei bewegen wie sie.
Warum bin ich nicht so froh und glücklich?
Warum kann ich das Leben
nicht so genießen wie sie?

Es war mir damals noch nicht klar, daß ich schon ein ganzes Stück auf einem Weg zurückgelegt hatte, auf dem es kein Zurück gab. Meine Gedanken wandten sich immer mehr nach innen, und schließlich drehte ich mich nur noch um mich selbst. Es wurde immer offensichtlicher, daß nur ein Weg aus meinem Gram, aus meinem sinnlosen Dasein herausführte. Soweit war ich aber noch nicht ganz.

Meine Freunde merkten nicht, wie ich Hilfe bei ihnen suchte. Ich hatte keinen festen Freund, doch war ich so beliebt, daß immer jemand da war, der mit mir ausgehen wollte. Sobald sich die Gelegenheit bot, brachte ich das Gespräch auf ernste Dinge wie den Sinn des Lebens und den Tod. Die Antworten meiner Freunde enttäuschten mich. Sie waren noch weniger begründet als die Ratschläge, die ich von meinen Lehrern und meiner Familie bekam. Den Freunden ging es offenbar nur darum, sich zu vergnügen.

Wir spielten Tennis, gingen Schlittschuhlaufen und Tanzen, und wir besuchten Nachtlokale. Wir lachten viel und redeten uns ein, wir seien vergnügt.

Ich weiß nicht, wie andere darüber denken, doch mir wurde klar, daß die krampfhafte Hast nach Vergnügen keinen Genuß bringt. Mit Absicht tobte ich mich aus, damit ich abends schlafen konnte. Hin und wieder gelang das auch; häufiger jedoch hatte es keinen Zweck. Im Gegenteil, ich versank immer mehr im Abgrund der Hoffnungslosigkeit.

*

Als ich in jener schicksalschweren Nacht zum Hauptbahnhof zurückgekehrt war, sah ich den Fahrplan noch einmal sorgfältig durch. Das wäre eigentlich nicht nötig gewesen. Ich wußte, welchen Zug ich zu nehmen hatte, denn in glücklicheren Tagen war ich oft genug mit ihm gefahren. Nur konnte ich mir jetzt nicht trauen. Irgend etwas stimmte nicht, und deswegen verhielt ich mich ganz sonderbar.

Obwohl ich den Weg zum Vergnügungspark genausogut kannte wie die Umgebung unseres Hauses, stieg ich noch einmal in den falschen Zug ein.

Von diesem Zeitpunkt an war ich so verstört, daß

ich nicht weiß, wie es weiterging. Mindestens einmal noch fuhr ich von Schinjuku, dem Hauptbahnhof, in die falsche Richtung. Es können auch mehrere Male gewesen sein. In wie viele andere Züge ich einstieg, wie oft ich mich noch irrte, ist mir unbekannt. Nur Gott war meinen Schritten in jenen schrecklichen Stunden gefolgt, ohne mich aus den Augen zu lassen.

Meine Verwirrung war begründet, doch davon wußte ich damals noch nichts. Selbst wenn es mir jemand gesagt hätte, hätte ich es nicht verstanden. Fünfzehn oder zwanzig Minuten von Schinjuku entfernt stand in Richtung des Strandes von Enoschima eine kleine evangelische Kirche. Den gütigen Pastor dort hatte der Selbstmord eines jungen Mannes, der sich zwei Jahre zuvor auf dem belebten Hauptbahnhof vor einen Zug geworfen hatte, innerlich sehr bewegt. Für all die Menschen, die mit Selbstmordgedanken an die Haltestelle kamen, betete der grauhaarige Pfarrer nun täglich. Er bat Gott, ihre Selbstzerstörung zu verhindern und sie in Jesus Christus zu erretten. Ich wußte nicht, daß ich unter der schützenden Hand eines Gottes stand, den ich nicht kannte und von dem ich auch nichts hätte wissen wollen, wenn man mir von ihm erzählt hätte.

Meiner Armbanduhr nach war es fast Mitternacht – sofern ich das glaubte, sofern ich überhaupt irgend etwas in diesem Labyrinth der Verzweiflung glauben konnte. Demnach war es zu spät, um einen Zug zum Strand zu bekommen. Ich konnte nur noch nach Hause fahren.

Auf einmal erfaßte mich der Wunsch, so schnell

wie möglich nach Hause zu kommen. Ich mußte nach Hause! Ich mußte unbedingt nach Hause! Nur dieser Gedanke durchpulste mich und brachte alles andere in mir zum Verstummen.

Ich konnte nicht verstehen, warum es mich plötzlich so nach Hause zog. Die ganzen Monate seit dem Tod meiner Mutter hatte ich damit verbracht, wegzulaufen, immer weiter wegzulaufen, damit ich mit meinen Erinnerungen nicht zu Hause sein mußte. Jetzt hatte ich das Gefühl, ich könnte nicht mehr länger fortbleiben. Ich mußte so bald wie möglich zurück!

Völlig geistesabwesend begab ich mich zum Fahrplan hinüber. So spät abends fuhren nicht viele Züge. In meine Richtung ging erst in dreißig Minuten wieder ein Zug ab. Dreißig Minuten! Es hätte ebensogut eine ganze Ewigkeit sein können!

Der Wind war so schneidend kalt, daß mir die Ohren schmerzten und die Wangen ganz taub waren. Ich ging zum Wartesaal hinüber.

Zuerst versuchte ich, die Betrunkenen, die zusammen mit einigen Mädchen hinten in der Ecke saßen, nicht zu beachten. Dann störte mich der Lärm aber doch so sehr, daß ich mich wieder hinaus begab.

Draußen war es noch kälter als vorher, zumindest schien es mir so. Ich ging zum hinteren Ende des Bahnsteigs, wo eine kleine Betontreppe zu den Schienen führte. Eine Zeitlang stand ich regungslos da und vergaß alles um mich herum. Ich weiß nicht mehr, wie lange ich so stand und wann ich mich, ganz in meinen Kummer versunken, auf die zweite oder dritte Stufe setzte. Daß ich mich dort hinsetzte, weiß ich auch nur, weil andere es beobachteten und später der Polizei berichteten.

Niemand würde mich vermissen, wenn ich meine Pläne ausführte, überlegte ich. Es würde den übrigen Familienmitgliedern das Leben nur erleichtern. Vater und Yasuzo brauchten sich dann nicht weiter darum zu bemühen, einen Ehemann für mich ausfindig zu machen, und Yuriko konnte heiraten.

Damals meinte ich, mein Schritt sei selbstlos und würde allen zugute kommen, aber heute ist mir klar, daß ich in Selbstmitleid geradezu ertrank und nie egoistischer gehandelt habe.

Der Zug wurde angekündigt. Ich hörte, wie er anhielt und sich die Türen öffneten. Im Lautsprecher leierte einer die Stationen herunter, an denen der Zug noch halten würde.

Ich sah nicht auf und brauchte auch nicht aufzusehen. Ich wußte ja genau, wie alles vor sich ging. Der Schaffner mußte dem Lokomotivführer einen Blick zuwerfen, ehe er das Zeichen zur Abfahrt gab. Dann würden sich die Türen schließen; der Zug konnte weiterrollen.

Ich sprang auf und wußte immer noch nicht, was ich vorhatte.

Der Zug rollte an und beschleunigte die Geschwindigkeit. Genauso schnell rannte ich davor!

5

Ich erinnere mich an das Quietschen der Notbremsen und an das traurige Heulen der Sirenen auf dem Krankenwagen. Wie in einem Alptraum hörte ich mich schreien: „Es tut weh! Es tut weh!" Darüber hinaus konnte ich mich mit dem Unfall nicht weiter in Verbindung bringen, und ich überlegte, wer denn wohl verletzt sein mochte. Seltsam. Das war doch meine Stimme. Ich wußte auch, was ich schrie. Trotzdem fühlte ich mich an allem völlig unbeteiligt.

Später erfuhr ich, daß zwei Bahnangestellte – wir nennen sie in Japan wohl Elektroleitungsingenieure – im Zug gewesen waren. Sie hatten Stricke bei sich, die sie bei ihrer Arbeit brauchten, und kannten sich in Erster Hilfe aus. Noch ehe der Zug zum Halten gekommen war, hatten sie die Türen aufgerissen und waren hinausgesprungen. Sie hatten mich unter den Rädern des Zuges hervorgezerrt und ihre Stricke zum Abbinden der Blutungen benutzt. Sie hatten auch den Krankenwagen gerufen. Bis heute weiß ich ihre Namen nicht; nach Meinung des Arztes haben sie mir das Leben gerettet.

Ich wurde in die Universitätsklinik gebracht. In jener Nacht, als ich mehr tot als lebendig in die Notaufnahme kam, war nur ein Arzt in der Klinik. Es war ein Dozent der medizinischen Fakultät, der als der beste Chirurg von ganz Japan galt. Er operierte mich, vollzog die notwendigen Amputationen und behandelte meinen Schock.

Als ich eine Woche später wieder zu Bewußtsein kam, verfluchte ich das Schicksal, durch das ich bewahrt worden war. Ich fluchte noch oft, je mehr ich den vollen Umfang meiner Verletzungen erkannte, doch Gott arbeitete weiter an mir.

Jetzt verstehe ich vieles, was ich bei meiner Einlieferung in die Klinik nicht verstehen konnte. Gott hatte es so gefügt, daß Menschen im Zug waren, die Sekunden nach meinem Selbstmordversuch Erste Hilfe leisten konnten, und er hatte auch den berühmten Chirurgen genau in der Nacht in die Klinik geschickt.

Ich verstehe aber nicht, weshalb sich Gott um jemanden wie mich bemühte. Diese Frage habe ich mir oft vorgelegt, ohne eine Antwort darauf zu finden. Ich werde ihm aber immer dafür danken und ihn lobpreisen.

Eine Woche hindurch lag ich bewußtlos und erwachte jedesmal nur so lange, um zu erkennen, daß ich mich in einer Klinik befand. Dunkel wurde ich gewahr, daß ich Bluttransfusionen erhielt und intravenös ernährt wurde. Es dämmerte mir auch, daß mein linker Arm fehlte und meine rechte Hand dick verbunden war.

Zuerst spürte ich nicht, wie schwer verletzt meine Hand war, und Yuriko, die sich ständig in der Klinik aufhielt und mich pflegen half, wollte nicht mit der Sprache heraus.

„Mit deiner Hand wird es besser“, sagte sie mir.

„Aber weshalb ist sie dann so verbunden?“ bohrte ich weiter, bis sie es mir zögernd mitteilte.

„Du hast nur noch deinen Daumen und zwei Finger."

Meinen Daumen und zwei Finger! Das bedeutete: Zwei Finger waren ab. Es reichte nicht, daß ich einen Arm verloren hatte. Die andere Hand war ebenfalls verkrüppelt. Dieses Unglück machte mir das Herz doppelt schwer. Merkwürdigerweise fiel mir als erstes ein, was ich alles mit meinen Freunden unternommen hatte.

Ich hielt meine verkrüppelte Hand hoch und starrte sie an. „Zumindest kann ich noch Schlittschuhlaufen", sagte ich.

Yuriko schluckte und verließ schnell das Zimmer, als ob ihr plötzlich übel geworden wäre.

Ich wurde stutzig. Was war mit ihr los?

Über die untere Hälfte meines Bettes war eine Art Baldachin gespannt worden, und wenn der Arzt meine Wunden behandelte, verband er mir die Augen. Ich wußte also nicht, daß meine Beine amputiert waren.

Als ich mich etwas besser fühlte, besuchte mich der Polizeipräsident. Er war sehr freundlich, obwohl ihm diese Aufgabe sicher unangenehm war. Offenbar lag ihm weniger daran, Fragen zu stellen, als mir zu helfen.

„Freust du dich nicht, daß du am Leben geblieben bist?" fragte er, als er sich an mein Bett setzte.

Ich verzog den Mund vor Bitterkeit, denn ich glaubte, er mache sich über mich lustig, weil es mir nicht gelungen war, mir das Leben zu nehmen.

So meinte er es aber nicht. Er versuchte mich aufzumuntern und mir etwas zu zeigen, wofür es sich zu leben lohnte. Der Polizeipräsident erzählte mir von den zwei Männern, die mir das Leben gerettet hatten. „Ihnen hast du es zu verdanken, daß du heute am Leben bist", teilte er mir mit. „Hast du nicht Glück gehabt? Freust du dich nicht, daß dir diese Männer helfen konnten?"

„Weshalb sollte ich mich darüber freuen?" fragte ich zornig. „Warum haben sie mich nicht sterben lassen?"

Der Polizeipräsident hätte auch einen seiner Untergebenen schicken können, um das Protokoll aufzunehmen. Ich habe nie herausgefunden, weshalb er an meinem Schicksal so Anteil nahm, daß er selbst kam. Mir kam auch der Gedanke, ob ihn das Problem des Selbstmords nicht persönlich betraf. Vielleicht hatte sich eins seiner Kinder tatsächlich das Leben genommen, und er wollte alles tun, was in seiner Macht stand, um mich von weiteren Versuchen dieser Art abzuhalten.

Mir war diese Einmischung aber gar nicht recht. Konnten sie das denn nicht einsehen? Wenn man nicht herausfinden konnte, wozu man lebt, blieb doch nur der Tod übrig! Warum taten alle so, als seien meine Probleme plötzlich gelöst? Und warum benahmen sie sich so, als hätte mein Leben jetzt wieder einen Sinn? Warum überließen sie mich nicht mir selbst? Man sollte einem Menschen das Recht zur Entscheidung zwischen Leben und Tod zugestehen. Diese These wurde von japanischen Philosophen häufig vertreten. Warum mischten sich diese Leute ein und zwangen mich, es noch einmal zu versuchen? Dafür sollte ich ihnen auch noch dankbar sein? Ich hätte ihnen am liebsten ins Gesicht gespuckt.

Yuriko hielt sich Tag und Nacht in meinem Zimmer auf. Auch meine beiden Brüder und meine Schwägerin besuchten mich häufig. Nur mein Vater kam nie. Ich machte mir Gedanken darüber. Wenn ich einen aus der Familie fragte, bekam ich eine fadenscheinige Ausrede zu hören – entweder daß er sich nicht wohl fühle oder daß er im Büro zuviel zu tun habe. Wochen vergingen, ehe er sich dazu entschließen konnte, mich an der Klinik zu besuchen.

Als ich mich wieder einmal darüber beklagte, brach Yuriko endlich ihr Schweigen. „Wir haben darüber gesprochen", sagte sie und kniff vor Verärgerung die Lippen zusammen. Offenbar war sie sehr erregt. „Yasuzo meinte, es sei besser, daß du nichts davon erfährst; aber du sollst nicht glauben, du wärst unserem Vater egal. Ihm geht der Vorfall so nahe, daß er es nicht über sich bringt, dich so – in diesem Zustand – zu sehen." Sie machte eine hilflose Handbewegung. Dann erzählte sie mir, daß er die ganze Nacht, als ihn die Polizei von meinem Selbstmordversuch benachrichtigt hatte, im Haus auf und ab gegangen war.

„Warum?" hatte er laut gesagt. „Warum hat Yoneko das getan? Und wie kann ich ihr denn helfen? Ich habe doch alles versucht. Alles!"

Ich schämte mich schrecklich, als ich das hörte, und am liebsten hätte ich geweint. Ich hatte mir eingebildet, Vater gut zu kennen, aber jetzt merkte ich, daß ich ihn überhaupt nicht kannte. Er war ein seltsamer Mensch. Besonders seit dem Tode meiner Mutter war er kaum noch aus sich herausgegangen. Man könnte sagen, daß er Angst hatte, der Wirklichkeit ins Auge zu schauen, indem er sich weigerte, mich zu besuchen. Aber das tat nichts zur Sache. Er liebte mich!

Ich machte Yuriko die Pflege schwer. Mutter hatte all meinen Launen nachgegeben, auch in bezug auf das Essen. In der Klinik benahm ich mich anmaßend und wie ein verwöhntes Kind. Appetit hatte ich nur auf ganz bestimmte Gerichte, die es zu der Jahreszeit gewöhnlich nicht gab. Eine Zeitlang wollte ich nichts als Mandarinen essen. Danach waren es Wassermelonen.

Es ist mir unbegreiflich, wie es meiner Familie gelingen konnte, mitten im Winter Wassermelonen für mich zu besorgen. Sonst hatten wir nie im Februar Melonen gegessen. Die Wassermelone, die sie mir in die Klinik brachten, mußte furchtbar teuer gewesen sein. Ich bin sicher, daß ich nicht halb so dankbar dafür war, wie ich es hätte sein sollen.

In den ersten Wochen nach der Operation mußte ich starke Beruhigungsmittel erhalten haben. Ich schlief fast ständig, und mein Gehirn war so umnebelt, daß es mir schwerfiel, mir zu behalten, wer mich besucht hatte und wer nicht. Der Arzt war deswegen beunruhigt.

„Du darfst nicht so viel schlafen, Yoneko“, sagte er. „Versuche, dich aufzusetzen und wach zu bleiben.“

Ich öffnete die Augen und nahm ihn ganz verschwommen wahr. „Ich fühle mich so schläfrig“, murmelte ich. „Ich kann nicht wach bleiben.“

Man versuchte, mich im Bett aufzusetzen, damit ich nicht so leicht einschlief, doch wurde mir dabei immer schwindlig. Alles, was ich ansah, drehte sich vor mir. Ich wollte nur still daliegen und schlafen.

Mein eigener Wunsch war sicher ebenso wie die Medikamente daran schuld, daß ich in andauerndem Halbschlaf dahindämmerte. Während ich schlief, konnte ich nicht nachdenken. Ich wollte nicht über meinen Arm und die fehlenden Finger nachdenken. Überhaupt war mir der Gedanke an den verpfuschten Versuch, meinem Leben ein Ende zu machen, lästig. Dabei wußte ich noch nichts von meinen Beinen. Dieser Schlag stand mir noch bevor.

„Meine Zehen jucken, Yuriko", klagte ich.

Auf Yurikos erschöpftem Gesicht zeichnete sich in dem Augenblick ein solcher Schrecken ab, daß es mir so alt vorkam wie das Gesicht unserer Mutter, bevor sie starb.

„Kratze sie für mich."

Ratlos griff sie unter den Baldachin über meinem Bett und tat, als kratze sie meine Zehen.

„Stärker. Ich fühle nichts!" Ich ärgerte mich über sie. Warum fing sie denn an zu weinen, wenn sie mir einmal die Zehen kratzen sollte?

Schließlich war es an der Zeit, daß man den Baldachin abnahm. Der Arzt fand, ich müsse mich jetzt aufsetzen.

Yuriko wurde es angst und bange. „Glauben Sie, daß sie soweit ist, Herr Doktor?"

„Hai", sagte er barsch. „Es wird Zeit." Er blieb im Zimmer.

Doch ich konnte mich noch nicht aufsetzen und sagte ihm das. Noch immer war ich so trotzig, daß ich mich weigerte, irgend etwas zu tun, was ich nicht selbst beschlossen hatte.

Es sah so aus, als wollte mir der Arzt befehlen,

mich aufzusetzen, dann überlegte er es sich jedoch anders. Er wandte sich an meine Schwester. „Ich bin im Wartezimmer, wenn Sie mich brauchen sollten."

Ich war böse, weil ich mich übergangen fühlte, und mein verstümmelter Körper spannte sich. Schließlich mußte ich doch selbst wissen, ob ich mich aufsetzen wollte, und seine Hilfe brauchte ich nicht. Es würde nicht mehr lange dauern, bis ich ohne die Hilfe Yurikos oder irgendeines andern auskam, überlegte ich. Trotzdem wurde mir klar, daß irgend etwas nicht stimmte. Mein Mund war heiß und trocken, und in mir wuchs eine ganz schreckliche Angst.

Als der Arzt weg war, warf ich meiner Schwester einen zornigen Blick zu und versuchte mich aufzurichten.

„Komm, ich helfe dir!"

„Ich brauche keine Hilfe", murmelte ich. Schon wollte ich es aufgeben und fiel schwer atmend in die Kissen zurück. Dann dachte ich daran, wie viele Schwierigkeiten ich mit der Bettschüssel hatte und wie ich sie haßte. Wenn ich erst einmal auf der Bettkante saß, würde es nicht lange dauern, bis ich allein zur Toilette gehen konnte.

Nach kurzer Zeit versuchte ich es noch einmal. Meine Schwester wollte mir behilflich sein, doch ich befahl ihr wegzugehen. Irgendwie gelang es mir, im Bett herumzurutschen und mich mit dem einen Arm aufzusetzen. Ein gesunder Mensch hätte sich so halten können, aber ich fiel vornüber und war nicht in der Lage, meinen Sturz aufzufangen. Ich glitt von der Bettkante auf den Fußboden hinunter.

Ich schrie vor Schmerz und Verzweiflung. Jetzt wußte ich, was los war! Ich hatte nicht nur einen Arm und zwei Finger der anderen Hand, sondern auch beide Beine verloren. Ich war ein hoffnungsloser, hilfloser Krüppel!

Ich machte keinen Versuch mehr, mich zu bewegen, sondern blieb so, wie ich hingefallen war, auf den Knien liegen und weinte untröstlich. Mein Schluchzen hallte in dem stillen Klinikkorridor wider. Das war mir jedoch egal.

Die folgenden Minuten ging alles drunter und drüber. Ich erinnere mich bis heute nicht genau daran. Yuriko muß losgelaufen sein, um Hilfe zu holen. Der Arzt und eine Schwester kamen in mein Zimmer gerannt und brachten mich ins Bett zurück. Danach setzte ein Beruhigungsmittel meinem Weinen ein Ende, und ich schlief ein.

Tagelang blieb ich daraufhin reglos im Bett liegen, mit dem Gesicht zur Wand. Ich weigerte mich, mit irgend jemandem zu sprechen, auch wenn man mir Fragen stellte.

Nie wieder konnte ich ein normales Leben führen. Ich überlegte, daß nicht einmal mein Vater und mein Bruder einen Mann für mich finden könnten. Und noch vor einigen Wochen hatte ich mich ihren Bemühungen widersetzt, dachte ich voll Bitterkeit. Wer wollte schon eine halbe Frau heiraten? Ich könnte nicht einkaufen gehen, das Haus putzen und für die Kinder sorgen. Nie könnte ich einen Mann lieben und eine Familie gründen.

Ich ließ nichts von dem, was mich bewegte, verlauten. Meine Pläne sollten nicht noch einmal von wohlmeinenden Menschen durchkreuzt werden, die nicht verstanden, daß das Leben schlimmer sein kann als der Tod.

Der Arzt durchschaute jedoch meine Absicht. Er traf strenge Anordnungen. Die Schärpe an meinem kimonoartigen Schlafanzug wurde entfernt. Auch die Obstmesser, die ich bisher mit den Äpfeln und Apfelsinen bekommen hatte, nahm er mir ab. Man gab mir keinerlei Messer in die Hand – nichts, was ich dazu benutzen konnte, mir das Leben zu nehmen.

Wenn ich nicht schlief, verbrachte ich die meiste Zeit damit, mir einen Weg auszudenken, auf dem ich trotz der Überwachung mein Ziel erreichen konnte. Es dauerte nicht lange, und ich hatte mir einen einfachen Plan zurechtgelegt. Ich lag nun lange genug in der Klinik, um die schwachen Stellen im Arbeitsablauf und beim Pflegepersonal zu kennen. Jeden Abend klagte ich über Schmerzen und Schlaflosigkeit.

„Gibt es denn nichts, was Sie mir geben können?" fragte ich.

Der Arzt verordnete Schlaftabletten, die mir von der Schwester nach Bedarf verabreicht wurden. Das war alles, was ich brauchte. Mit heimlicher Genugtuung begann ich sie zu horten und überall da zu verstecken, wo man sie meiner Meinung nach nicht so leicht finden konnte.

Auch mein Vater besuchte mich jetzt. Ich bat ihn, mich in eine Klinik in Hachioji verlegen zu lassen, damit ich näher an zu Hause wäre. Aus irgendeinem Grund wollte ich in der Nähe der Stadt sterben, in der ich aufgewachsen war – dort, wo auch meine Mutter gestorben war.

Ich wußte nichts von Jesus Christus und haßte alles Religiöse; doch benutzte Gott meine von blinder Zerstörungswut gelenkten Pläne, um mich einen Schritt näher an sich heranzuziehen. In Hachioji wohnte Akitoschi Tahara.

6

Jede neue Tablette versteckte ich mit viel Geschick und Schläue und war froh, daß mein tödlicher kleiner Schatz wuchs, ohne entdeckt zu werden.

Der Umzug in die andere Klinik erschwerte meine Bemühungen um eine Fahrkarte in die Ewigkeit keineswegs. Den neuen Arzt brauchte ich nur traurig anzublicken und über Schmerzen und Schlaflosigkeit zu klagen. Schon bald durfte mir die Schwester Schmerzmittel verabreichen, wann immer ich darum bat.

Ich war sicher, daß ich diesmal Erfolg hatte. Eine fieberhafte Erregung erfaßte mich, und ich konnte nur noch daran denken, wie ich mir das Leben nehmen würde. Bevor ich abends einschlief, zählte ich im Geist meine Tabletten und überlegte, wie viele ich noch sammeln mußte, um wirklich genug zu haben. Schon beim Aufwachen galt mein erster Gedanke einem neuen Versteck für den Tag, denn ich brachte den Schatz regelmäßig woanders unter, damit er ja nicht entdeckt werde. Alles war auf das sorgfältigste vorbereitet.

Es war ein schauriges Spiel, das mich, da ich an meinen Sieg glaubte, immer stärker fesselte. Bis alles vorbei war, würde keiner herausbekommen, wie raffiniert ich vorging. Ich war so verzweifelt wie eh und je, doch das Wissen, daß dieses elende Leben bald zu Ende war, machte meine Tage erträglicher.

Die Ärzte ermutigten mich, soweit ich mich erinnere, überhaupt nicht. Keiner sagte mir etwas davon, daß es Prothesen gab, und niemand gab mir zu verstehen, daß ich ein normales, glückliches Leben führen könnte. Vielleicht war es ganz gut so. So verstört, wie ich war, hätte ich wohl kaum verstanden, was man mir sagen wollte.

Akitoschi Tahara wußte zu dieser Zeit noch nichts von mir. Er war schon fast zwei Jahre lang gläubiger Christ und hatte sein Leben gerade voll in den Dienst für Gott gestellt. Die Missionare, die seinen Namen so schlecht aussprechen konnten, daß sie ihn „Andy“ nannten, sahen in ihm eine Gebetserhörung.

Da die Familie Fox bald in Heimaturlaub ging, waren die Mc Leroys, die sie ersetzen sollten, bereits nach Hachioji gezogen. Die neuen Missionare lebten seit einiger Zeit in Japan. Sie hatten die Sprache bereits so gut gelernt, daß Robin etwas predigen und Besuche machen konnte; doch brauchten sie jemanden, der sowohl mit der Sprache als auch mit den Menschen ganz vertraut war.

„Gott hat dich uns gesandt“, sagten sie zu Akitoschi. „Er wird sich deiner auf wunderbare Weise bedienen.“

Akitoschi hoffte, daß dem so war. Manchmal zweifelte er daran.

Die vier Missionare waren mit ihren Fortschritten im Sprachstudium unzufrieden. Sie meinten, daß sie mit einem Sprachlehrer, der zu ihnen ins Haus kam, mehr lernen könnten als in den Kursen, die sie bis dahin belegt hatten. Akitoschi und Robin Mc Leroy gingen deswegen zu dem Gymnasium, das ich besucht hatte, um sich zu erkundigen, ob einer der Lehrer Privatunterricht erteilen wollte.

Ein junger Lehrer zeigte sich besonders aufgeschlossen und nahm die Arbeit an. Es war einer von den Lehrern, die ich mit meinen verzweifelten Fragen aufgesucht hatte.

Die erste Verbindung zwischen Akitoschi und mir wurde so von jemandem hergestellt, der sich im christlichen Glauben auskannte, ohne selbst gläubig zu sein. Der Lehrer erzählte Akitoschi und den Missionaren nämlich oft von seiner Arbeit und seiner Familie.

„Machen Sie manchmal Besuche im Krankenhaus?“ fragte er eines Morgens.

„Sogar oft“, antwortete Robin.

„Das dachte ich mir. Meine Frau ist Katholikin, daher weiß ich ganz gut, wie ihr Christen lebt.“

Dann kam er auf mich zu sprechen – wie ich ihn wiederholt um Hilfe ersucht hatte und alle Bemühungen, mir zu helfen, ohne Erfolg geblieben wären. Er hatte von meinem Selbstmordversuch erfahren und fand, es sei ein Wunder, daß ich dabei nicht umgekommen war.

Eigentlich sollte mich nur Robin besuchen, doch der Missionar lud Akitoschi, seinen japanischen Freund, ein, mitzukommen.

Akitoschi schlug vor, eine Schachtel Pralinen oder etwas Obst für mich zu kaufen, und er schenkte mir auch ein Neues Testament.

Ich war zu schüchtern, es abzulehnen, ärgerte mich jedoch über dieses Buch. Überhaupt ärgerte mich der ganze Besuch. Ach, dachte ich, als sie sich vorstellten, zwei von denen! Nun, es wird euch nichts nützen!

Ich kannte das Christentum nicht, haßte es aber so inbrünstig, wie ich Tenri-kyo, den Buddhismus und alle Religionen haßte. Und dazu hatte ich ja auch allen Grund! Schließlich hatte die Religion meiner Mutter das Leben gekostet. Hätten sie mich nach Mutters zweitem Schlaganfall den Arzt rufen lassen, dachte ich, dann würde sie jetzt noch leben, und ich müßte nicht hilflos hier liegen und das Mitleid dieser Leute über mich ergehen lassen!

Es war gar nicht sicher, ob die Anhänger des Tenri-kyo-Glaubens am Tod meiner Mutter schuld waren, weil sie auf ihrem Weihwasser und ihren Gebeten bestanden hatten, statt mir zu erlauben, Dr. Yenai anzurufen. Aber ich war in meinem blinden, unvernünftigen Haß überzeugt, daß ich recht hatte.

Und wäre sie am Leben geblieben, überlegte ich mir, hätte ich nie an Selbstmord gedacht!

Mein Haß auf Religion war völlig berechtigt – zumindest erschien es mir so.

Ich bemühte mich, höflich zu sein, obwohl mir der Besuch dieser fremden Leute überhaupt nicht paßte. Wir Japaner sind besonders stolz auf unsere Höflichkeit und Gastfreundschaft. Ich hätte meinen Besuchern gegenüber deshalb nicht unhöflich sein können – ganz gleich, wie mir zumute war.

Sie werden mir diesen Unsinn eintrichtern wollen, aber ich höre einfach nicht hin, nahm ich mir vor und wappnete mich, so gut es ging. Sie werden bald merken, daß sie mit mir ihre Zeit verschwenden.

Akitoschi schaute mich ganz merkwürdig an. Ich erfuhr erst hinterher, daß er mich so ansah, weil er mich sehr hübsch fand. Außerdem meinte er, irgend etwas an meinem Gesicht komme ihm bekannt vor; er war überzeugt, daß er mich irgendwo schon einmal gesehen hatte.

Später, als wir befreundet waren, unterhielten wir uns noch einmal darüber und kamen zu dem Ergebnis, daß mich Akitoschi sicher schon einmal vor dem Fahrradgeschäft seines Vaters, nicht weit von meinem Elternhaus entfernt, gesehen hatte.

Als Akitoschi mich bei seinem ersten Besuch so unverwandt ansah, schrak ich zusammen. Er bedauert mich, dachte ich und kochte innerlich vor Wut. Er soll sein Mitleid für sich behalten!

Ich weiß nicht, ob Robin und Akitoschi meine Abneigung spürten oder ob sie es wegen anderer Besuche eilig hatten, jedenfalls blieben sie nicht lange an meinem Krankenbett.

Auf dem Heimweg war der Missionar noch sehr beunruhigt. Er erklärte Akitoschi, ich erwecke den Eindruck, als sei ich der beklagenswerteste Mensch auf der ganzen Welt.

Damit hatte er mich ziemlich treffend beschrieben. Ich hatte völlig vergessen, was es heißt, fröhlich zu sein.

Nachdem mich die beiden verlassen hatten, nahm ich die Tabletten aus ihrem Versteck und zählte nach. Ich hätte gerne gewußt, wie viele ich brauchte, um mein kümmerliches Dasein auszulöschen. Wäre ich sicher gewesen, daß sie genügten, so hätte ich sie am selben Abend geschluckt.

Gott aber plagte mich mit Zweifeln. Wenn es mir diesmal nicht gelang, dann könnte ich nicht mehr Selbstmord begehen, bis ich aus dem Krankenhaus entlassen wurde. Und das würde Monate dauern.

Also wartete ich.

Am folgenden Sonntagnachmittag kamen die beiden Freunde wieder.

Damit war ich gar nicht einverstanden. Meiner Meinung nach hatte ich sie doch keinesfalls ermutigt, mich noch einmal zu belästigen. Ich konnte mir nicht erklären, wie ein Japaner andauernd mit diesen verhaßten Amerikanern umgehen konnte, wie er sogar ihre Religion annahm und ihnen erlaubte, ihn mit diesem lächerlichen Namen Andy anzureden. Nun, sie würden schon merken, daß ich mich nicht zur Bekehrung eignete. Ich werde ihrem religiösen Blödsinn nicht zuhören, sagte ich mir erneut, als ich sie auf mein Bett zukommen sah.

Ich war fest dazu entschlossen, dem, was sie mir erzählten, keinerlei Aufmerksamkeit zu schenken. Von vornherein weigerte ich mich strikt, mit ihnen zu sprechen und ihre Fragen zu beantworten. Ein paarmal fragten sie mich allerdings so direkt, daß ich mich verpflichtet fühlte zu antworten. Selbst dann sagte ich meist nur „ja" oder „nein" oder schüttelte den Kopf. Ich sah beide kaum an.

Ich war ständig verärgert und niedergeschlagen. Vor dem Unfall hatte ich mich immer glücklich und sorglos gegeben, obwohl mich der Tod meiner Mutter sehr bedrückt hatte. Das war jedem aufgefallen. Jetzt war ich offenkundig schlecht gelaunt und schwermütig. Alles um mich herum war durch die Tragödie, in die ich hineingeraten war, gewogen und zu leicht befunden worden.

Erwachte ich morgens und sah, daß sich ein schöner, wolkenloser Tag ankündigte, so wurde ich ganz verdrossen. „Was kann ich mit so einem Wetter schon anfangen? Ich kann sowieso nicht hinausgehen und mich daran freuen."

Und wenn die Vögel sangen, so sangen sie, um mich zu verspotten. Sie waren frei, und ich war an mein Bett gebunden.

Brachten mir Vater oder meine Brüder Blumen, dann mußte ich mich beherrschen, um ihnen zu verbergen, wie sehr ich die Blüten haßte. Sie waren wunderschön und erinnerten mich an die Kimonos, die Mutter einst angefertigt hatte.

Wie mir das zu schaffen machte! Ich würde nie wieder solche hübschen Kimonos bekommen. Und selbst wenn, dann könnte ich nichts damit anfangen, denn ich würde ja nirgends mehr hingehen.

Ich sehnte mich sehr nach meinen Freunden. Als mich einige schließlich besuchten, waren sie jedoch ganz befangen und wußten nicht, was sie sagen sollten. Meine Lage war ihnen so fremd, daß es schwierig für sie war, Gesprächsstoff zu finden.

Akitoschi und sein amerikanischer Freund hatten damit offenbar überhaupt keine Mühe, obwohl sie mich eigentlich doch noch gar nicht kannten. Mit den anderen war ich aufgewachsen, ich war oft mit ihnen Schlittschuh gelaufen, und wir hatten zusammen Partys und Nachtlokale besucht. Ich kannte sie beinahe so gut wie meine eigene Familie.

Vater und Yuriko wirkten immer sehr verlegen, wenn ich, während sie da waren, Besuch erhielt. Sie nahmen dann schnell eine Decke und wickelten sie mir um die Taille, als bestünde die Gefahr, daß ich mich plötzlich erkältete. Später wurde mir klar, daß sie meinten, es wäre mir peinlich, wenn die Freunde meine Beine sähen. Damals steckte ich jedoch so voll Selbstmitleid, daß ich glaubte, es ginge ihnen um ihre eigene Ehre.

Ich habe meiner Familie Schande gemacht, überlegte ich mir. Sie schämen sich meiner. Also lieben sie mich auch nicht. Ich bringe sie in so viele Schwierigkeiten, daß es für alle besser wäre, wenn ich sterben würde.

Dann dachte ich wieder an meinen wachsenden Tablettenvorrat. Eines Tages hätte ich genügend Tabletten, und dann würde ich niemandem mehr das Leben schwer machen.

Akitoschi und sein amerikanischer Freund besuchten mich weiterhin einmal in der Woche, doch ich war nach wie vor unfreundlich zu ihnen. Ich sagte fast gar nichts, obwohl mir ihr Gesang gefiel. Die beiden Freunde glaubten, daß mich die Botschaft, die sie mit ihren Liedern vermitteln wollten, erreichte, aber das war nicht der Fall. Mir gefielen nur die Melodien. Was wußte ich schon von „Frieden“ und „heimwärts gehen“ oder „durch das Blut Jesu Christi erlöst werden“?

Beim Abschied gab ich mich kalt und unfreundlich wie zuvor. Ich war immer noch fest entschlossen, sie nicht zu weiteren Besuchen zu ermutigen, obwohl ich mich irgendwie getröstet fühlte. Das konnte ich nicht verstehen. Es ging gegen meinen Willen, daß sie kamen, und ich erlaubte ihnen nicht, mir aus der Bibel vorzulesen, mit mir zu beten oder von ihrem Gott zu sprechen; und doch fühlte ich mich zu ihnen hingezogen. Es war fast so, als hörte ich eine Stimme rufen, der ich nicht widerstehen konnte. Und das gefiel mir gar nicht.

Ich gestand es mir nicht ein, aber das Verhalten der beiden Christen beeindruckte mich noch in anderer Hinsicht. Meine Bekannten waren meistens so höflich, daß sie leicht etwas versprachen. Und ebenso schnell hatten sie ihr Versprechen auch vergessen. Bei diesen Männern war das anders. Sie hielten tatsächlich Wort. Wenn sie sagten, daß sie mich an einem bestimmten Tag besuchen wollten, daß sie mir etwas mitbringen oder etwas für mich besorgen würden, konnte man sicher sein, daß sie es nicht vergaßen. Ich fand es beinahe lächerlich, wie sie sich bemühten, ihre Versprechungen zu halten. Entweder waren sie nicht ganz bei Sinnen, überlegte ich, oder sie waren völlig anders als alle Leute, die ich bisher kannte.

Ich wurde richtig wütend, als ich merkte, daß ich mich tatsächlich auf ihre Besuche freute, und versteifte mich noch mehr auf meine Absicht, ihre missionarischen Bemühungen scheitern zu lassen. Die Religion hatte in meinen Augen Schiffbruch erlitten. Sie war sinnlos, der reinste Hohn für alle, die dumm genug waren, sich mit ihr einzulassen.

Mir selbst war gar nicht bewußt, wie gut ich meinen Widerstand den Besuchern gegenüber ausdrückte. Nach etwa einem Monat war Akitoschi davon überzeugt, daß es nutzlos sei, mich weiter zu besuchen. Er hatte meine jeweilige Stimmung oft besser erkennen können als ich selbst. „Sie nimmt an dem, was wir ihr sagen, überhaupt keinen Anteil. Es ist Zeitverschwendung, immer wieder hinzugehen."

„Laß den Mut nicht sinken", meinte Robin. „Ich glaube nicht, daß unsere Besuche umsonst sind."

Sie unterhielten sich häufig über mich, wogen meine Äußerungen gegeneinander ab und versuchten herauszubekommen, was ich gemeint haben könnte. Dabei fuhren sie mit ihren Besuchen bei mir fort.

Später erzählte der Missionar Akitoschi einmal, daß auch er oft gegen die Überzeugung hatte ankämpfen müssen, weitere Besuche seien sinnlos. Mein Widerstand sei so verhärtet und meine Verzweiflung so groß, daß ich mich Jesus einfach nicht anvertrauen könne, überlegte er sich.

Wie dankbar bin ich dafür, daß Gott ihnen nicht erlaubte, ihre Besuche aufgrund solcher Überlegungen einzustellen.

Die Familie Fox hatte ein Pärchen Wellensittiche, und ungefähr zu der Zeit, als meine Besucher ganz entmutigt waren, kam Margaret auf die Idee, sie mir zu schenken. Dem japanischen Brauch nach hätte sie mir die Vögel einfach ins Zimmer gebracht und dort stehen lassen. Robin fragte mich aber, ob ich sie haben wollte, und diese Frage verstand ich völlig falsch.

Diese Leute bemühen sich, nett zu sein, überlegte ich mir. Sie wollen einen guten Eindruck auf mich machen, aber damit kaufen sie mich nicht.

Ich hätte diese Wellensittiche wirklich gern gehabt. Doch ich war davon überzeugt, daß meine Besucher nicht mehr an sie denken würden. Sogar meine beste Freundin hätte sie völlig vergessen, auch wenn sie sich bereit erklärt hätte, etwas für mich zu tun.

Als Robin und Akitoschi das nächste Mal vorbeikamen, brachten sie die Vögel mit. Das überzeugte mich mehr als alle ihre ganzen Worte vorher.

Ohne daß es mir selbst auffiel, muß sich mein Verhalten ihnen gegenüber danach etwas verändert haben. Jedenfalls erzählte Akitoschi mir das später. Noch immer wollte ich mit ihrer Religion nichts zu tun haben, und meistens spürten sie diese Ablehnung ganz stark. Doch gab es Tage, an denen sie meinten, ich sei etwas freundlicher und etwas zugänglicher.

*

An Ostern war ein Amerikaner namens Shelton Allen in der kleinen Gemeinde, in der Akitoschi und sein amerikanischer Freund für Christus arbeiteten, zu Gast. Er sprach ein recht gutes Japanisch und sollte am Ostersonntag predigen.

Für den Abendgottesdienst hatte er eine Predigt vorbereitet; doch während des Singens zeigte ihm Gott, daß er sie beiseitelegen sollte. Er machte sich ein paar Notizen von den Gedanken, die ihm jetzt kamen. Die neue Predigt handelte von Jesu Weg nach Emmaus mit zweien seiner Jünger. Sie enthielt keine weltbewegenden neuen Offenbarungen, doch sie war genau das, was ich brauchte: Durch diese Predigt begriff ich, daß Jesus lebt. Während des Gottesdienstes dachte natürlich keiner daran, daß ich die Predigt hören würde.

Mr. Allen muß gegen Ende des Gottesdienstes recht beunruhigt gewesen sein. Es waren einige neue Gesichter in der Menge, und zu der Zeit bekehrten sich jeden Sonntag ein oder zwei Menschen. Dieses Mal schien die Predigt jedoch überhaupt keine Wirkung zu haben.

„Ich kann das nicht verstehen", sagte Mr. Allen zu seinen Freunden. „Glaubt ihr, daß ich etwas falsch gemacht habe?"

Etwa gleichzeitig kam ein amerikanischer Soldat nach vorn, um sich vorzustellen. Er war mit Margaret und Roger Fox gut befreundet und hatte sie in der Nähe des Militärflughafens Tachikawa kennengelernt, wo er stationiert war. Er hatte sich gerade ein amerikanisches Tonbandgerät gekauft und es mit zur Kirche gebracht. Es war ein großes, ziemlich unhandliches Gerät; in dem vollen Zug hatte er sicher Mühe gehabt, es zu transportieren.

„Ich weiß nicht, warum ich dieses Monstrum mitgeschleppt habe, und erst recht weiß ich nicht, warum ich die Predigt auf Band aufgenommen habe. Mein Japanisch ist wirklich nicht so besonders. Ich bin froh, wenn ich mir mit meinen zehn Worten etwas in einem Restaurant bestellen kann. Ich lasse das Gerät und die Tonbänder eine Weile hier. Vielleicht können Sie etwas damit anfangen."

Ich bin mir nicht sicher, aber ich glaube, daß Akitoschi daraufhin sagte: „Warum nehmen wir es nicht mit zu Yoneko-san?"

Die Männer versprachen sich nichts Außergewöhnliches von diesem Tonband. Tonbandgeräte gab es damals noch nicht sehr lange, deswegen dachten sie, ich würde gern einmal eins spielen hören. Außerdem war es natürlich eine Gelegenheit, mir die Botschaft von Jesus Christus nahezubringen.

Da Robin und Akitoschi in der Woche sehr beschäftigt waren, wurde es Donnerstag- oder Freitagabend, bis sie ins Krankenhaus gingen, um mich zu besuchen. Als sie um 21.00 Uhr hereinkamen, brachten sie eine Kiste mit, die mir fast so groß vorkam wie ein Sarg.

Gott hatte mich auf ihren Besuch vorbereitet. Ich hatte einen schlechten Tag gehabt und dachte wieder nur an den Tod und an die weißen Tabletten, die mich bald erlösen würden. Als ich meinen Besuch so spät am Abend kommen sah, mußte ich mich beherrschen, um nicht zu stöhnen. „O nein!" schrie ich innerlich. „Nicht schon wieder! Um alles in der Welt, denen kann ich jetzt nicht zuhören!" Ich wollte sie nicht einmal singen hören. Sie sollten mich nur allein lassen.

Ich erinnere mich nicht mehr, wie ich mich verhielt und ob sie mich überhaupt fragten, ob ich das Tonband hören wollte. Aber mit Sicherheit weiß ich, daß ich bald darauf von den Worten des Predigers ergriffen wurde. Er sagte, daß Christus am Kreuz gestorben und wieder zum Leben erweckt worden war, damit ich ihm ganz vertrauen konnte.

Es machte ihm nichts, daß ich beide Beine, einen Arm und zwei Finger meiner Hand verloren hatte – er liebte mich. Ihn kümmerte auch mein Haß auf ihn nicht. Er hatte auf der Erde gelebt, war am Kreuz gestorben und wieder auferstanden, um so jemanden wie mich zu erlösen! Er liebte mich, Yoneko, so sehr, daß er all das getan hatte, nur damit ich bei ihm sein konnte. Und er war den beiden Männern auf dem Weg nach Emmaus erschienen und hatte sich mit ihnen unterhalten, damit ich ganz sicher sein konnte, daß er den Tod besiegt hatte. Trotz allem, was ich erlebt hatte, liebte er mich und wollte mich zu sich führen.

Ich merkte gar nicht, daß der Prediger eigentlich zu anderen Leuten sprach. Es war mir, als hielte er sich tatsächlich bei mir im Zimmer auf, als säße er auf dem Stuhl, auf dem das Tonbandgerät stand. Und Gott bediente sich seiner Stimme, um mit mir zu reden.

Als die Predigt zu Ende war, konnte ich mich nicht mehr beherrschen: Tränen rannen mir über die Wangen.

Akitoschi stellte das Gerät ab und blickte mich an. Vor seinen ernsten Augen brach die Mauer, die ich zwischen uns aufgerichtet hatte, zusammen. „Möchtest du beten, Yoneko-san?" fragte er ruhig.

„Gott, hilf mir!" betete ich. Noch immer strömten mir die Tränen über die Wangen. Mir brannten die Augen. „Gott, hilf mir!" wiederholte ich immer wieder.

Während ich diese drei einfachen Worte betete, durchzuckte mich der Gedanke: Ich werde mein ganzes Leben auf diesen Gott bauen. Alles. Gleich, wie die Zukunft aussieht, sie gehört ihm.

Akitoschi und Robin sprachen danach nicht mehr viel. Zumindest erinnere ich mich nicht daran. Ich meine, sie hätten das Tonbandgerät zusammengepackt und mich wenige Minuten später allein gelassen.

Sobald ich allein war, schloß ich die Augen und wachte erst um sieben Uhr morgens wieder auf. Ich war sehr erstaunt darüber, daß ich die ganze Nacht durchgeschlafen hatte. Seit Monaten hatte ich nicht mehr so tief und fest geschlafen. Ich schaute hinaus. Der Himmel war blau und wolkenlos, und die Aprilsonne lockte die Blüten hervor.

Es ist wunderschön heute morgen, dachte ich und war gleich darauf ganz erschrocken. Wie komme ich denn auf so etwas? überlegte ich. Seit jener schrecklichen Nacht in Tokio hatte es für mich keine schönen Tage mehr gegeben.

Meiner Armbanduhr nach würde es erst in einer Stunde Frühstück geben. Deswegen nahm ich das Neue Testament in die Hand, das Robin und Akitoschi bei ihrem ersten Besuch mitgebracht hatten. Ich verstehe nicht, warum ich es aufgehoben hatte.

Während ich über den vergangenen Abend nachdachte, schlug ich das Testament auf und begann es von hinten nach vorne durchzublättern. Ich hatte mir das angewöhnt, weil ich meinte, der beste Teil eines Buches käme am Ende. Dabei las ich wahllos einige Abschnitte und Sätze, ohne viel davon zu verstehen.

Trotzdem arbeitete Gott an mir. Er mußte mir ja zeigen, was er für mich getan hatte, denn ich war immer noch ziemlich verwirrt.

Es dauerte nicht lange, da sprang mir ein kurzer Satz in die Augen: „Darum, ist jemand in Christus, so ist er eine neue Kreatur“ (2. Korinther 5,17).

Ich schrie beinahe laut auf, so sehr war ich ergriffen. Das war's! Das war mit mir geschehen!

Eine ältere Frau von etwa 55 Jahren teilte das Zimmer mit mir. Ich war von der Veränderung meines Lebens so bewegt, daß ich irgend jemandem davon erzählen mußte. Deshalb weckte ich sie auf und berichtete ihr, was für eine herrliche Tat Christus an mir vollbracht hatte.

„Wenn es wirklich so wunderbar ist“, sagte sie, „möchte ich mehr darüber hören.“

Ich konnte es kaum erwarten, daß Akitoschi und sein Freund wiederkamen. Sie sollten doch wissen, daß Gott ihre Gebete endlich erhört hatte. Alles um mich herum hatte sich verändert.

7

Der Frühling hatte begonnen. Von meinem Klinikfenster aus konnte ich keine Wolken an dem blauen Himmel entdecken, und die Häuser, Bäume und kleinen Gärten, die ich sah, waren ins helle, warme Sonnenlicht getaucht. Die Blumen waren liebevoll aufgeweckt worden, um zu blühen, und die Kinder, die anscheinend mit den Blumen aus dem Boden geschossen waren, liefen überall herum und freuten sich einfach, daß sie lebten.

Mir ging es genauso.

Der Frühling war in den letzten Tagen in mein Herz eingezogen. Der lange, trübe Winter der Verzweiflung war verschwunden und gänzlich aus meinem Leben verbannt worden. Die angehäuften Schlaftabletten lagen vergessen in meinem Kopfkissenbezug. Jetzt, da ich an Jesus Christus glaubte, war ich ein neuer Mensch. Ich konnte lachen und jedem neuen Tag mit Erwartung und Freude entgegensehen.

Meiner Familie war das unbegreiflich. Noch vor kurzem war ich trübsinnig und niedergeschlagen gewesen – so, als sei ich der Schatten meiner selbst. Ich hatte nur die Erlösung im Auge gehabt, die mir der Tod bringen würde. Meine Selbstmordpläne hatte ich ihnen gegenüber in den vergangenen Wochen kein einziges Mal erwähnt, und sie hatten mich auch nie darauf angesprochen, doch war ihnen klar, was ich vorhatte. Sie fühlten sich machtlos, irgend etwas dagegen zu unternehmen. Immer wenn sie mein Zimmer verließen, stand ihnen die Angst davor in den Augen geschrieben. So hatten sie mich auch an dem Nachmittag, als Robin und Akitoschi abends das Tonband mitbrachten, nur ungern allein gelassen.

Als meine Angehörigen am nächsten Tag wiederkamen, staunten sie sehr. Die traurige Yoneko gab es nicht mehr. Nein, das war die Yoneko von früher. Ich konnte wieder ohne Verbitterung lachen, und ein neuer Friede leuchtete in meinen Augen.

Nach Monaten, in denen ich nur an mich gedacht hatte, so als hätte vorher nie jemand Leid und Enttäuschung erfahren, machte ich mir Gedanken über Vater und Yuriko und meine beiden Brüder. Ich wollte wissen, mit was sie sich beschäftigten und ob es ihnen gut ging. Nach Yasuzos Frau fragte ich und wie Akiyoschi im Studium vorankam.

Über diese neue Stimmung waren sie ebenso überrascht wie erfreut. Sie waren erleichtert, mich wieder wie früher zu erleben. Zu Hause wurde viel über die Veränderung gesprochen, die bei mir eingetreten war. Sie versuchten herauszubekommen, was sich ereignet hatte und ob es von Dauer war.

„Vielleicht freut sie sich so, weil sie herausgefunden hat, wie sie sich das Leben nehmen kann", sagte Vater. Seit dem Tod meiner Mutter hatte er soviel Trauriges erlebt, daß er meinte, dies sei nichts anderes als der erste Vorbote eines neuen Schicksalsschlages. „Ich habe gehört, daß bei Leuten, die den Selbstmord planen, manchmal so etwas vorkommt", fuhr er fort.

Ich versuchte ihnen zu erklären, daß mir Jesus

Christus vergeben hatte und daß mein Leben jetzt ihm gehörte. Ich wollte ihnen klarmachen, daß er mir die schwere Last von der Seele genommen und mir Frieden und den Mut zum Weiterleben gegeben hatte, aber sie verstanden es nicht.

Ich nehme an, daß sie sich auch nicht sehr bemühten. Probleme, die man nicht lösen konnte – wie zum Beispiel der Sinn von Leben und Tod –, schoben sie ebenso beiseite, wie meine Lehrer mir angeraten hatten. Sie meinten, meine neue Einstellung ginge auf den fanatischen Akitoschi Tahara und seinen amerikanischen Freund zurück. Sie würde nicht lange andauern. War ich erst einmal eine Zeitlang bei ihnen zu Hause, würde ich schon einsehen, daß solche Ideen unsinnig waren.

Ich war genau wie meine Mutter, die eine feine Frau mit starkem Willen und Charakter, aber dem Religiösen gegenüber völlig unkritisch war. Bei Mutter war es Tenri-kyo gewesen, und ich behauptete nun, dieser Christus erfülle mein Leben. Zwar trugen wir jeweils ein anderes Bündel Aberglauben und verschiedene Götter mit uns herum, meinten sie, aber es lief beide Male auf das gleiche hinaus: auf einen fast kindischen Fanatismus.

Trotzdem waren sie dankbar dafür, daß mich etwas von mir selbst und meinen Schwierigkeiten abgelenkt hatte. Vielleicht war meine Trauer damit ja wirklich beendet. Sie hofften, daß ich genug Kraft hatte, um zufrieden weiterzuleben, auch wenn mich die neue Religion enttäuschen würde. Dabei war ihre größte Sorge, daß ich diese Enttäuschung nicht auf einmal erleben möchte, sondern schrittweise, damit ich nicht zu sehr erschüttert würde.

Meine Angehörigen rechneten mit menschlichen Kräften und Schwächen, nicht jedoch mit dem lebendigen Gott. Mein Leben war auf ein neues Ziel ausgerichtet, und ich hatte genug Kraft. Gott schenkte mir einen Frieden, wie ich ihn nie zuvor, nicht einmal als Kind, gekannt hatte. Ich vertraute ihm noch mehr, als ich meiner Mutter vertraut hatte, wenn ich meine kleine Hand in ihre gelegt hatte und mutig über eine belebte Straße gegangen war.

In der Beziehung zu Gott und seinem Wort war ich freilich jetzt auch wie ein Kind: unwissend und noch nicht herangereift. Akitoschi und die Missionare sorgten sich ein wenig um mich. Sie wußten besser als ich, wie feindselig meine Familie dem neuen Glauben an Christus gegenüberstand. Besonders schwer würde es für mich sein, den Argumenten meiner studierenden Brüder zu widerstehen.

Als ich ein paar Wochen nach meiner Entscheidung für Jesus Christus aus dem Krankenhaus entlassen wurde, erklärte sich Margaret Fox bereit, jede Woche mit mir in der Bibel zu lesen. Akitoschi kam als Dolmetscher mit. Diese Bibelstunden sollten mir zu Hause eine christliche Lebensführung ermöglichen.

Ich hätte meiner Familie so gern etwas von Jesus erzählt, aber es war fast unmöglich, mit Vater oder den Brüdern darüber zu sprechen. Mit Yuriko konnte ich mich schon eher über meinen Glauben unterhalten. Seit dem Tod unserer Mutter bestand zwischen uns beiden eine enge Verbindung. Wir brauchten einander.

Yuriko war fünf Jahre älter als ich. An manchen Tagen kamen uns diese Jahre nur wie ein, zwei Monate vor, und wir fühlten uns beinahe wie futagos* – mir fällt jetzt nur dieses japanische Wort ein. Dagegen trennte uns manchmal fast eine ganze Generation. Yuriko verhielt sich dann wie eine Mutter zu mir, und ich konnte ihr alles anvertrauen.

Einmal begann ich, ihr zögernd von Jesus Christus zu erzählen. Sie hörte mir aufmerksam zu, und ich glaubte fast, daß sie meinen Heiland auch annehmen wollte. Doch anschließend lachte sie mich aus. „Es hört sich so an, als hättest du dich in diesen Jesus verliebt", spottete sie.

Ich brannte so darauf, ihr mitzuteilen, was Christus mir bedeutete, daß ich die Verachtung in ihrer Stimme überhaupt nicht bemerkte. „Ich liebe ihn wirklich. Er hat mir soviel Frieden und soviel Freude gegeben, daß ich ihm nicht genug dafür danken kann. Und dir kann er das ebenso schenken."

Yuriko lächelte so großmütig, als wäre ich ihre fünfjährige Tochter und hätte mich an irgendeinen lächerlichen Gegenstand gehängt, den ich bald leid werden würde. „Du wirst dich schon noch ändern", sagte sie mit großer Bestimmtheit. „Diese Religion, die dich jetzt so blendet, wird dir grau und unbedeutend vorkommen, sobald du Zeit hast, dich damit auseinanderzusetzen. Es wird nicht lange dauern, da denkst du in Glaubensdingen wieder wie wir. Das gibt sich alles."

„Ohne Jesus Christus wäre mir das Leben nichts mehr wert", antwortete ich.

Ihr verächtliches Lachen drang durch die Papierwände, die ein Zimmer von dem anderen trennten.

* Zwillinge

„Es wird nicht lange anhalten, Yoneko“, sagte sie. „Wenn du in fünfzehn Jahren noch Christ bist, kannst du mir noch einmal davon erzählen. Vielleicht bekehre ich mich dann auch.“

Unser Bruder Akiyoschi, der sich in einem anderen Raum aufgehalten hatte, hörte Yurikos Gelächter und kam herein, um nachzusehen, was los war.

„Yoneko versucht, mich vor ihrem Gott auf die Knie zu kriegen“, erzählte sie ihm.

„Paß bloß auf!“ fuhr es zornig aus ihm heraus. „Eine Irre in der Familie reicht!“

Meistens war Yuriko geduldig und freundlich zu mir, doch an manchen Tagen konnte sie ihre Verbitterung nicht unterdrücken. Obwohl Vater keinen Grund angab, wußte meine Schwester ebensogut wie ich, daß er sich wegen mir weigerte, ihr die Erlaubnis zum Heiraten zu geben. Er hatte vor, ein Haus für mich zu bauen und alles so einzurichten, daß ich allein leben konnte, doch vergingen Monate, ohne daß er etwas unternahm. Im nachhinein vermute ich, er wollte erst sicher sein, daß ich mich selbst versorgen konnte.

Mich bedrückte Yurikos Situation, und ich konnte es ihr nicht verdenken, daß sie unglücklich war. Aber wie wollte ich es ändern? So war unser Verhältnis hin und wieder sehr gespannt.

„Warum muß ich die ganze Arbeit machen?“ beschwerte sie sich.

„Ich tue, was ich kann“, gab ich zurück.

Heute muß ich zugeben, daß das nicht ganz stimmte. Ich war erst 18 und durchaus nicht abgeneigt, meine Lage auszunutzen, wenn es mir gelegen kam.

Yuriko strich sich eine lose Haarsträhne aus dem Gesicht. „Das meinst du doch nicht im Ernst."

„Doch! Und ich könnte noch mehr arbeiten, wenn du mir nur sagen würdest, was."

„Dann putze den Butsudan."

In meinem Gesicht mußte sich der Schrecken abgezeichnet haben, als sie den Familienschrein oder Buddha-Altar erwähnte. „Was ist denn jetzt los?" fragte sie ärgerlich.

Ich glaubte, sie verachtete meinen Glauben an Jesus Christus so sehr, daß sie absichtlich von mir verlangte, den Butsudan zu putzen. Wenn ich zurückblicke, so bin ich sicher, daß ich ihr damit Unrecht getan habe. Sie wußte so wenig vom Christsein, daß sie wohl gar nicht auf den Gedanken kam, diese Arbeit sei mit meinem neuen Glauben unvereinbar.

Mit einem Gebet um Hilfe versuchte ich es ihr zu erklären. „Diese Arbeit kann ich nicht machen."

So elend war mir noch nie zumute gewesen, seit ich aus der Klinik zurück war. Freilich mußte ich Yuriko helfen; sie war völlig im Recht, wenn sie das erwartete. Immer war sie für das Einkaufen von Lebensmitteln verantwortlich; sie mußte putzen und mich bedienen. Ich war verpflichtet zu tun, was ich konnte, um ihr zu helfen. Nur was sie im Augenblick von mir verlangte, stand im Gegensatz zu meinem Glauben an Jesus Christus.

„Sie ist nicht schwer."

„Ich weiß." Zu dieser Zeit konnte ich mich mit meinen verkrüppelten Beinen schon ganz gut im Haus bewegen. „Es ist nur – ich bin jetzt Christ. Und an dem Götterschrein kann ich nicht mehr arbeiten."

Ihre Augen funkelten zornig, als sie wegging.

„Warte, Yuriko!“ rief ich schnell. „Wenn du den Butsudan putzt, übernehme ich die Küche oder das Bad, oder ich verrichte irgendeine ganz schmutzige Arbeit. Sag doch, was du besonders ungern tust!“

Als sie merkte, daß es mir ernst war, legte sich ihr Zorn. „Du kannst das Badezimmer sauber machen“, sagte sie. „Es ekelt mich jedesmal, wenn ich die Toilette putzen muß.“

Von da an war ich für das Badezimmer verantwortlich, und sie versorgte den Familienschrein.

Dieser Vorfall brachte uns einander näher. Zwar neckte mich Yuriko hin und wieder meines Glaubens wegen, doch brachte sie mich nie vor anderen in Verlegenheit.

Manchmal regte sie sich darüber auf, daß ich ihrer Heirat im Wege stand. Dann war sie verbittert und beklagte sich. Ich achtete jedoch mehr auf ihre Probleme als vorher und bemühte mich jetzt sehr, meinen Teil an der Arbeit zu leisten.

*

Nach dem Abend, als meine Angehörigen von mir verlangt hatten, ich solle Jesus Christus verleugnen, und Akiyoschi mich geschlagen hatte, sprach er häufig sehr verbittert über meine christlichen Freunde. Das machte mir aber nicht viel aus. Ich wußte, daß seine Anschuldigungen gegen Akitoschi und die Familie Fox unbegründet waren. Außerdem kam es nicht darauf an, ob sie wirklich meine Freunde waren. Mir ging es um Jesus selbst.

Je mehr ich selbst über Gott erfuhr, desto stärker wünschte ich mir, auch andere Menschen für den

Glauben zu gewinnen. Ich wollte mich so einsetzen wie Akitoschi, Margaret und Roger Fox und die Mc Leroys. Zwar konnte ich nicht wie die anderen predigen oder von Haus zu Haus gehen. Aber ich wollte gerne in der Sonntagschule unterrichten und hoffte, daß Gott noch mehr Arbeit für mich hatte.

Als ich eines Tages in meiner Bibel las, schenkte mir Gott einen besonderen Vers. Von meinen Freunden wußte ich, daß es so etwas gab, doch hatte ich mich bisher immer gewundert, wie sie darauf kamen, daß ein Vers gerade für sie bestimmt war. Ich hatte mir auch Sorgen gemacht, ob ich wohl erkennen würde, wenn Gott mir einen bestimmten Vers zugedacht hatte, und ich betete dafür, daß ich ihn nicht übersehen würde. Ich weiß nicht genau, was ich erwartete und ob ich etwa meinte, Gott müsse sich eines bestimmten Verfahrens bedienen, um mir diesen Vers besonders kenntlich zu machen.

Ich hätte mich darüber nicht zu ängstigen brauchen, denn der Vers ergriff mich unmittelbar.

„Das ist für dich, Yoneko!“ merkte ich.

Ich las ihn noch einmal und zitterte dabei vor Aufregung. „Siehe, ich bewirke Neues, das jetzt noch allen verborgen ist“ (Jesaja 43,19). Wahrscheinlich gebe ich den Vers nicht ganz richtig wieder, doch so verstand ich damals seinen Sinn.

Wie sehr freute ich mich! Der Herr hatte etwas Besonderes für mich! Er wollte mich gebrauchen. Ich spürte, wie mein Körper neue Kraft erhielt, und ich konnte Gott nicht genug preisen. Nein, ich mußte mein Leben nicht ohne etwas zu tun vergeuden. Es gab eine Arbeit für mich.

In der Sonntagschulklasse, die ich unterrichtete,

trat eine unerwartete Veränderung ein. Gott segnete meine Bemühungen ganz neu. Die Kinder hatten mich sehr gern, und ich war glücklicher als je zuvor.

In der kleinen Kirche, zu der wir gehörten, fanden zum Ende des Jahres besondere Gottesdienste statt, und wir beteten alle dafür. Ich war an der Planung und an Gebetsgemeinschaften beteiligt, aber von einigen Gebeten erfuhr ich nichts. Akitoschi und seine Freunde beteten nämlich dafür, daß ich mein Leben ganz in den Dienst des Herrn stellen möge. Sie sagten mir nichts davon, damit ich keine Entscheidung traf, um ihren Erwartungen zu entsprechen. Der Ruf sollte von Gott selbst kommen.

Am Neujahrsabend fand ein Gottesdienst bei der Familie Fox statt. Gott hatte mich schon so gut vorbereitet, daß ich in einem Gebet kurz vor Beginn des Gottesdienstes mein Leben Jesus Christus und seinem Dienst übergab. Schon vorher hatte ich mich bereit erklärt, an diesem Abend ein Zeugnis über das abzulegen, was Gott an mir getan hatte.

„Ich muß euch erzählen, was ich gerade erlebt habe“, begann ich. „Ich habe dem Herrn gesagt, daß ich mich ihm völlig zur Verfügung stelle. Wenn er es will, gehe ich zur Bibelschule, um die Bibel besser kennenzulernen.“

Ich wußte nicht, woher ich das Geld nehmen sollte, ja, nicht einmal, ob mir mein Vater erlauben würde, von zu Hause wegzugehen, aber ich war davon überzeugt, daß es Gottes Auftrag an mich war.

Akitoschi lernte im zweiten Jahr auf der gleichen Bibelschule, doch das hatte auf mich keinen Einfluß gehabt. Ich mochte ihn als Freund sehr gerne und betrachtete ihn als einen der klügsten Menschen, die mir jemals begegnet waren. Wenn er für Margaret Fox dolmetschte, beantwortete er die Fragen häufig selbst, ohne sie an Margaret weiterzugeben. Trotzdem dachte ich kein einziges Mal daran, ihn zu heiraten. Dazu war er mir viel zu sehr überlegen. Ich kannte meine Schwächen und wußte außerdem, wie wenig ich von der Bibel verstand. Ein Mann wie Akitoschi würde sich niemals in mich verlieben.

Mein Vater war nicht Christ, aber er liebte mich sehr und hatte viel Verständnis für mich. Als ich mit ihm über die Bibelschule sprach, war ich ganz überrascht, daß er die Kosten übernehmen wollte.

„Du weißt, daß ich nichts von deiner Religion halte, Yoneko", sagte er zuerst.

Ich wartete und stählte mich gegen den Angriff, der jetzt kommen mußte.

„Aber ich bin froh, daß du etwas gefunden hast, dem du dich widmest und wofür du arbeiten kannst. Ich freue mich, daß du dabei glücklich bist."

Wenn ich auch nicht auf den Gedanken kam, daß mich Akitoschi heiraten wollte, war ich doch sehr gern mit ihm zusammen. Daher freute ich mich, daß ich die gleiche Schule wie er besuchen würde. Unter all den Studenten hätte ich dann mindestens einen Freund.

Irgendwann spürte ich, daß sich Akitoschi in mich verliebt hatte. Als er sich das erstemal im Unterricht neben mich setzte, fiel mir daran gar nichts auf. Aber nach und nach sah ich es nicht mehr als Zufall an, daß er sich so oft wie möglich in meiner Nähe aufhielt. Und immer wieder bewies er mir seine Aufmerksamkeit, indem er mir etwa die Kissen zurechtrückte oder Blumen mitbrachte, von denen er wußte, daß sie mir gefielen.

Obwohl ich Akitoschi lediglich als einen guten Freund betrachtete, machte ich mir Sorgen, als mir zu Ohren kam, daß er in seinem ersten Jahr auf der Bibelschule an Hämorrhoiden gelitten hatte. Ich fertigte ihm ein großes Kissen an und stickte seine Initialen hinein. Ein andermal nähte ich ihm eine neue Krawatte. Diese Geschenke machte ich aber nur, weil er sich auch für mich so eingesetzt hatte, sagte ich mir.

Ich wollte ihn nicht heiraten. Überhaupt sollte ich niemand heiraten. Trotzdem dachte ich die meiste Zeit an ihn. Aß ich ein Stück Konfekt, so fiel mir ein: Das würde Akitoschi mögen. Entdeckte ich etwas Neues in einem Bibeltext, dann überlegte ich, ob er den Abschnitt schon richtig verstanden hatte. Sah ich einen besonders schönen Sonnenuntergang oder betrachtete ein Gemälde, das mir gut gefiel, so hätte ich es ihm am liebsten sofort gezeigt. Weiter dachte ich nicht. Die Ehe würde mir versagt bleiben.

Als ich mein Leben in den Dienst Jesu gestellt hatte, war das Heiraten ebenso wie alle anderen Wünsche und Pläne geopfert worden.

*

Eines Tages kam irgend jemand auf den Gedanken, daß man doch Beinprothesen für mich beschaffen könne. Daran hatte ich nie gedacht, und auch Akitoschi war das nicht in den Sinn gekommen. Es muß wohl den amerikanischen Missionaren eingefallen sein. Sie sorgten sich um Akitoschi und mich.

Roger Fox bat die Militärgeistlichen und die Christen, die er bei der Betreuung amerikanischer Soldaten traf, für mich zu beten. Sie erzählten ihm auch von einem berühmten Militärchirurgen, der auf einer Dienstreise nach Japan kommen sollte. Er war Spezialist für Amputationen und würde für kurze Zeit im Krankenhaus der Sieben-Tage-Adventisten in Tokio arbeiten. Margaret und Roger Fox schlugen vor, ich solle mich einmal von ihm untersuchen lassen.

Der Arzt war damit jedoch nicht einverstanden. Er war hauptsächlich für amerikanische Soldaten verantwortlich und wußte einfach nicht, wie er alle die Kriegsverletzten behandeln sollte, die man ihm zugeteilt hatte. „Ich könnte mich nicht einmal mit einem amerikanischen Zivilisten befassen“, fuhr er Robin an. „Und dieses Mädchen ist Japanerin.“

Meine Freunde gaben nicht auf. Sie beteten weiterhin für mich und traten dann noch einmal an den Arzt heran.

Widerwillig erklärte er sich schließlich bereit, mich zu untersuchen. Man müsse sicher noch einen chirurgischen Eingriff vornehmen, um die Prothesen an die Beine anzupassen, meinte er, doch würde er selbst keine Zeit für die Operation haben. „Im Grunde genommen“, brummelte er, „weiß ich gar nicht, warum ich sie untersuche. Ich habe ja doch keine Zeit.“

Roger und Margaret waren überzeugt, daß ein Höherer seinen Entschluß geändert hatte, doch das sagten sie nicht.

Mir gaben sie erst Bescheid, als der Termin im

Krankenhaus unmittelbar bevorstand. Sie wußten, daß es immer noch schwierig sein würde, den überarbeiteten Chirurgen dazu zu bringen, mich selbst zu behandeln. Und ich sollte mich erst auf die Anpassung der Prothesen einstellen, wenn sie auch sicher waren, daß er mich als Patientin annehmen würde.

Als ich mit Margaret endlich das kleine Sprechzimmer im Adventisten-Krankenhaus betrat, sah ich, wie der Arzt eine Tür so schroff zuschlug, als wollte er sich nur schnell einer unangenehmen Aufgabe entledigen. Er setzte sich an seinen Schreibtisch und sah sich den Stumpf meines linken Armes an. „Wer hat das amputiert?“ fragte er.

Margaret antwortete ihm.

Als er den Armstumpf eingehender betrachtete, murmelte er: „Ausgezeichnet. Dieser Chirurg hat ganz hervorragend gearbeitet. Ich möchte von dem Stumpf eine Aufnahme machen.“

Anschließend untersuchte er meine Beine. Auch sie waren sehr geschickt operiert worden.

„Diese Ferse muß natürlich entfernt werden. Darüber kann man keine Prothese anbringen. Und wir werden auch an dem anderen Stumpf noch einiges verändern müssen.“ Er hielt inne. „Für die Operation brauchen Sie mir nichts zu bezahlen. Fragen Sie nur wegen der Krankenhausrechnung nach.“

Wieder einmal hatte sich Gott für mich eingesetzt. Ich sollte von einem der berühmtesten Chirurgen der Welt operiert werden. Mir ist es unbegreiflich, warum er mich derart liebt.

Margaret hatte im Krankenhaus ihre Telefonnummer hinterlassen. Als ein Anruf wegen meiner

Aufnahme kam, hütete Akitoschi aber die Kinder der Familie Fox.

„Andy“, hatte Margaret ihm kurz zuvor gesagt, „wir müssen weiterhin für Yoneko-san beten. Sie muß bald ins Krankenhaus und braucht Geld, um die Rechnung dort zu bezahlen. Roger und ich meinen, wir sollten auch die Gemeindeglieder anrufen, für sie zu beten.“

Akitoschi teilte dem Mann von der Krankenhausverwaltung mit, daß er Yoneko-san kenne. Er wisse auch, daß sie operiert werden solle und werde dafür sorgen, daß sie zur vereinbarten Zeit ins Krankenhaus gebracht würde. Ja, es sei ihm bekannt, daß sie bei der Aufnahme ins Krankenhaus genügend Geld zur Begleichung der Rechnung haben müsse.

„Haben Sie das Geld?“ fragte der Mann.

„Hai“, erwiderte Akitoschi schnell. „Wir haben das Geld.“

Als er den Telefonhörer auflegte, zitterte er. Er wußte nicht, weshalb er behauptet hatte, es sei genügend Geld da. Es war ihm wohl so viel an meinen Beinprothesen gelegen, daß er alles versprochen hätte.

Margaret war sehr beunruhigt, als er ihr das erzählte. „Du hast den Mann vom Krankenhaus ja angelogen, Andy“, schalt sie ihn. „Yoneko hat nicht so viel Geld, und wir können es auch nicht so schnell beschaffen. Das müßtest du eigentlich wissen.“

Akitoschis Glaube war unbeirrbar, und sein einfaches Vertrauen in die Kraft Gottes kannte keine Grenzen. Einzugestehen, daß wir über das nötige

Geld für meinen Krankenhausaufenthalt nicht verfügten, wäre in seinen Augen einem Zweifel gleichgekommen.

Wenn Akitoschi etwas falsch gemacht hatte, so war ich schuld daran. Er mochte mich ja so gern, daß er nicht zusehen konnte, wie ich mich beim Gehen quälte, wo mir diese Operation doch die Möglichkeit bot, wieder normal zu laufen.

Ich weiß nicht, ob er tatsächlich gelogen hatte, wie Margaret Fox meinte, oder ob das lediglich der Ausdruck seines Vertrauens auf Gott war, der mich doch mit allem versorgen wollte, was ich brauchte. Obwohl er von Margarets Vorwurf betroffen war, meint Akitoschi heute, Gott selbst habe ihn dazu angeregt, dem Krankenhaus zu sagen, daß wir über das Geld verfügten. Wir vertrauten also auf Gott, und er half uns.

Am Sonntag trug einer der Missionare der Gemeinde meine Notlage vor. Noch ehe wir die ärmlich ausgestattete kleine Kirche verlassen hatten, war mir die Begleichung der Krankenhausrechnung zugesichert worden. Jetzt brauchte ich nur noch Vaters Erlaubnis für die Operation, mit der die Anpassung einer Prothese vorbereitet werden sollte.

Vater war sich nicht sicher, ob er die Erlaubnis zur Operation geben sollte. Es war ihm unangenehm, von anderen Geld anzunehmen, um damit die Rechnung für ein Mitglied seiner Familie zu begleichen. Und vor allem konnte er den Gedanken kaum ertragen, daß ich mich noch einmal einer Operation unterziehen sollte. Ich kam so doch gut genug voran, überlegte er sich. Beließ man die Dinge nicht besser, wie sie waren? Warum sollte ich wieder von neuem leiden? Ich hatte ohnehin schon viel zuviel durchmachen müssen.

Mein Bruder Akiyoschi war wütend. „Die wissen schon, warum sie Geld für Yonekos Krankenhausaufenthalt zusammenbetteln!“ polterte er heftig. „Die haben bestimmt gute Gründe, nett zu Yoneko zu sein. Es ist eine Blamage für dich, Otosan, und für unsere gesamte Familie! Diesen Blödsinn vergessen wir lieber!“

Wenn mein Vater auch die Operation nicht gerne erlauben wollte, so war er in bezug auf meine Freunde doch anderer Meinung. „Ich habe Vertrauen zu ihnen, Akiyoschi“, sagte er. „Besonders zu diesem Akitoschi Tahara. Er ist ein ehrenwerter junger Mann. Er ist höflich und liebenswürdig, ein Stolz seiner Eltern.“

„Trotzdem. Wenn er dauernd mit denen zusammen ist“, sagte mein Bruder giftig, „dann ist er genau wie die. Die wollen Yoneko doch nur zu ihrem Vorteil ausnutzen.“

„Wir können ihnen dankbar sein“, antwortete Vater. „Yonekos Seele war tot, bis sie anfingen, sie zu besuchen. Jetzt lächelt sie wieder, und ihre Augen blicken fröhlich. Das bedeutet mir viel.“

„Bah! Dich haben sie schon genauso eingewickelt wie Yoneko! Warte nur ab! Die haben etwas vor, was sie uns nicht sagen. Und das dient *ihren* Zwekken, nicht Yoneko. Ich meine, du solltest ihnen sagen, daß wir ihre schmutzigen Yen nicht brauchen!“

Vater stand da und vergrub die Hände tief in den Hosentaschen. „Ich kann das Krankenhaus ja selbst bezahlen.“

„Wir brauchen weder ihr Geld“, knurrte Akiyoschi, „noch ihre Operation!“

Obwohl Vater mit der Operation eigentlich nicht einverstanden war, gab er schließlich nach und erteilte seine Erlaubnis. Und weil ich ihn darum bat, ließ er es auch zu, daß die Gemeindeglieder dafür bezahlten.

Akiyoschi kann das bis heute nicht verstehen. Eine angesehene japanische Familie, die Almosen von den verhaßten Christen annimmt – das war unerhört, ein häßlicher Fleck auf dem Namen unserer Familie.

Mein Bruder konnte Vaters Erlaubnis zur Operation nicht verhindern, aber sein andauernder Widerstand gegen mein Christsein wirkte sich doch aus. Von meinen Angehörigen konnte ich kaum noch erwarten, daß sie mich unterstützten, solange ich diesen Glauben nicht aufgab und mich mit christlichen Freunden traf. Sie würden lediglich für Kleidung, Essen und Wohnung aufkommen.

Akitoschi hatte erfahren, daß die Regierung Körperbehinderte finanziell unterstützte. Robin Mc Leroy begleitete ihn, um nähere Auskünfte einzuholen.

Während sie in der Schlange standen, wandte sich Akitoschi plötzlich um. „Glaubst du, daß sie einmal heiraten kann, Robin?“ fragte er.

Der Missionar verstand sofort, wie die Frage gemeint war. Er hatte sich mit seiner Frau mehrmals darüber unterhalten und war immer zu dem gleichen Ergebnis gelangt. „Doch“, sagte er. „Sicher kann sie heiraten. Ihr Mann muß natürlich viel Verständnis für sie haben. Aber ich glaube sogar, daß sie einem einfühlsamen jungen Christen eine gute Ehefrau sein würde."

Ich wußte, daß mich Akitoschi liebte, obwohl er seine starke Zuneigung nie in Worte gekleidet hatte. Lange ehe er mich darum bat, seine Frau zu werden, war ich mir klar darüber. Fragen Sie mich nicht, warum. Ich kann es Ihnen nicht sagen. Ich wußte aber genau, wie er zu mir stand. Auch ich hatte mich mit der Frage herumgeschlagen, ob ich heiraten könnte, war jedoch zum entgegengesetzten Schluß gekommen.

Während ich zur Amputation im Krankenhaus lag, brachte Akitoschi endlich seine Gefühle zum Ausdruck. Margaret Fox hatte ihm geraten, mit mir darüber zu sprechen.

„Ich werde ihr einen Brief schreiben", sagte er.

Von da an erkundigte sie sich jedesmal, wenn er vorbei kam: „Hast du es ihr gesagt, Andy? Hast du ihr geschrieben?"

Schließlich versuchte er, seine Scheu zu überwinden. „Ich möchte mich mit dir über etwas unterhalten, Yoneko", sagte er, „aber ich traue mich nicht, davon anzufangen."

Über meine Antwort war ich selbst erstaunt. „Ich weiß", erwiderte ich. „Mir geht's genauso."

Wir entschlossen uns, einfach weiter zu beten. Beide wollten wir Gott darum bitten, durch sein Wort zu uns zu sprechen.

Am übernächsten Tag schenkte er jedem von uns einen Vers. Akitoschi schrieb seinen Vers auf einen Zettel und steckte ihn in einen Briefumschlag. Bei seinem Besuch im Krankenhaus gab er ihn mir, und als ich ihn las, war ich sehr bewegt. Wir hatten die gleiche Bibelstelle erhalten: „Wenn zwei von euch übereinkommen werden auf Erden über irgend eine Sache, für die sie bitten wollen, so soll sie ihnen zuteil werden von meinem Vater im Himmel" (Matthäus 18,19).

Über diese Führung des Herrn hätte ich glücklich sein können, aber statt dessen wurde ich richtig ungehalten. Ich hatte mich mit der Frage beschäftigt und war bereits zu einem Entschluß gelangt – allerdings ohne Klarheit über Gottes Willen.

Als mich Akitoschi bat, ihn zu heiraten, antwortete ich schnell und mit Entschiedenheit: „Ich kann dich nicht heiraten. Es gibt so vieles, wozu ich einfach nicht in der Lage bin. Die Aufgaben als Ehefrau und Mutter sind auch für jemanden, der nicht behindert ist, schwierig zu bewältigen. Ich glaube kaum, daß ich diesen Anforderungen gewachsen wäre."

Akitoschi versuchte, mich durch die Geschichte von Abraham und Sara zu ermutigen. Sie waren beide so alt geworden, daß sie meinten, sie könnten unmöglich noch ein Kind bekommen. Trotzdem hatte ihnen Gott einen Sohn versprochen, und obwohl Sara weit über das Alter des Kindergebärens hinaus war, brachte sie Isaak zur Welt.

„Wir beten zu demselben Gott, Yoneko", erinnerte mich Akitoschi. „Er kann sich für uns ebenso einsetzen wie für Abraham und Sara."

In seiner Gegenwart gewann ich auch ein wenig Vertrauen, aber als ich wieder allein war, sank mein Mut derartig, daß ich von neuem meinte, ich könnte nie heiraten. Beim nächsten Besuch Akitoschis sagte ich ihm das.

„Na gut“, antwortete er. „Wenn du nicht sicher bist, will ich dich nicht drängen. Wir können aber den Willen Gottes nicht ändern, das weißt du doch selbst, Yoneko. Ich bin davon überzeugt, daß er unsere Ehe will. Also werde ich mich gedulden.“

Ich wurde regelrecht wütend, weil ich merkte, daß mein Entschluß nicht mehr so feststand.

Akitoschi wartete geduldig, und eines Tages sah ich ein, daß er recht hatte. Gott wollte uns zusammenführen.

Ich werde nie vergessen, wie wir zu meinem Vater gingen und ihn um seine Zustimmung zu unserer Hochzeit baten. Vater blickte mich seltsam an; er hatte Tränen in den Augen.

Ich konnte es nicht fassen: Vater weinte! Nie zuvor hatte ich ihn weinen sehen, nicht einmal bei dem Begräbnis meiner Mutter.

„Hai“, sagte er schließlich. „Das ist gut. Das ist sehr gut. Sorge nur gut für sie.“

Ich glaube, daß auch ich weinte.

Wir haben Vater nie an diesen Abend erinnert, denn er hätte sich wohl geschämt. Doch mir waren diese Tränen sehr viel wert – es waren Tränen der Liebe.

8

Ich habe den Krieg noch nicht bewußt miterlebt, aber von meinen Eltern habe ich oft genug gehört, daß das eine schreckliche Zeit war.

Die ersten Kriegsmonate verliefen für Japan glänzend – genau, wie man es sich gewünscht hatte, und, so meinte man, Frieden und ein vorher nie dagewesener Wohlstand kamen auf das Land zu. Es muß berauschend gewesen sein, wie unsere Luftwaffe die Amerikaner durch die Zerstörung der mächtigen Pearl-Harbor-Flotte lahmlegte und wie sich unsere Armeen ohne großen Widerstand den Philippinen näherten. Und als sie über die südpazifischen Inseln weiter in Richtung Australien vordrangen, sah unser Volk dem Ende des Krieges zuversichtlich entgegen.

Die Gegner waren jedoch nicht zerschlagen, sondern nur verwundet. Und uns wurde Opfer um Opfer abverlangt, um den unlöschbaren Durst der Kriegsmaschinerie zu stillen. Für Privatwagen gab es kein Benzin. Nur wer im eigenen Garten noch etwas anbauen konnte, hatte genug zu essen, denn die Rationen waren knapp.

Die Listen der Gefallenen wurden immer länger.

Dann kamen die Bomben. Zuerst wurden sie selten auf unsere schmalen, kleinen Inseln abgeworfen – wie einzelne Regentropfen, die einen verheerenden Sturm ankündigen.

Auch Tokio wurde von diesen riesigen Todesvögeln besucht. Die Zerstörungen erschütterten uns, und die Stimmung wurde verzweifelt.

Akitoschi Taharas Vater besaß ein kleines Geschäft in Tokio, in dem er Heilkräuter verkaufte. Eine Zeitlang wohnte die ganze Familie dort, aber als sich der Krieg unserer Küste immer mehr näherte, stand zu erwarten, daß Tokio ein wichtiges Angriffsziel werden würde. Fast täglich flogen die B-29 über uns hinweg, und der Menschenstrom, der Tokio verließ, wurde zur Flut.

Viele Leute gaben ihre Wohnung freiwillig auf und zogen aufs Land oder in kleinere Ortschaften, wo man mit den Bomben weniger rechnen mußte. Andere wurden von Soldaten evakuiert, damit man ihre Häuser abreißen konnte. Die Straßen wurden verbreitert, denn nach den Bombenangriffen mußten Löschzüge schnell vorankommen, um das ausbrechende Feuer zu bekämpfen.

Akitoschis Vater behielt sein Geschäft in Tokio; daneben kaufte er jedoch ein Haus in Hachioji, wo ich auch aufwuchs. Gott arbeitete bereits an unserem Leben, aber zu der Zeit wußten wir noch nichts davon.

Alles wurde zusehends schwieriger, wie sich Akitoschi entsinnen kann. Ein Umzug war damals ein geradezu kühnes Unterfangen. Man konnte keinen Lastkraftwagen zum Möbeltransport bekommen. Und selbst wenn man einen Wagen gefunden hätte, gab es kein Benzin. Also setzte sich Herr Tahara mit einem Mann in Verbindung, der sowohl ein Fahrrad als auch einen Karren besaß. Dank dieser vorzüglichen Ausrüstung gelang es Akitoschis Familie, in das Haus in Hachioji umzuziehen.

Keiner erinnert sich, wie viele Fahrten und Tage man brauchte, um den ganzen Hausrat und die Garderobe etwa 80 Kilometer weit zu transportieren.

Auf einem unbebauten Grundstück in der Nähe des neuen Hauses gruben Taharas einen Splittergraben. Überall wurden jetzt Schutzräume eingerichtet, denn man mußte damit rechnen, daß der Schrecken des Krieges über jeden einzelnen kommen würde. Es standen Luftangriffe bevor.

Akitoschis Vater übernachtete oft in dem kleinen Laden in Tokio; doch während der großen Bombenabwürfe war er zum Glück in Hachioji.

Ein endloser Schwarm dieser schrecklichen Bomber ließ Feuer und Zerstörung auf Tokio regnen, machte Tausende von Häusern dem Erdboden gleich und lähmte die riesige Stadt für längere Zeit. Der Himmel glühte so rot wie die aufgehende Sonne, und der Donner der Explosionen ließ die Erde erbeben und drohte jedem das Gehör zu zerschmettern. Die Familie Tahara, die in ihrem Splittergraben kauerte, war sicher, daß das Ende gekommen war und die nächste Bombe sie zerstören würde.

Herr Tahara war, wie mein Vater, nicht sehr religiös. In seinem Haus in Tokio hatte er jedoch einen Schinto-Schrein so aufgestellt, daß ihn die Kunden sehen mußten. Er meinte, seine zur Schau getragene Frömmigkeit müsse das Geschäft fördern. Für religiöse Feste brachte er viel Zeit und Geld auf, hatte dabei aber hauptsächlich seinen eigenen finanziellen Gewinn im Auge.

In der Bombennacht half ihm sein oberflächlicher Götterglaube wenig. Als das Morgenlicht die großen Zerstörer verscheuchte, hing Qualm über der Stadt, und die Brände verbreiteten sich ungehindert. Jeder wußte auch, daß die Flugzeuge wiederkommen würden.

„Ich fahre nach Tokio“, sagte Akitoschis Vater. „Ich möchte sehen, was da los ist. Vielleicht ist unser Haus ja verschont worden.“

Gegen Abend kam er wieder. „Es ist alles weg, außer meinem Schutzhelm und dem Tresor“, erzählte er seiner Familie und lachte dabei. „Als ich in unsere Straße kam, konnte ich nur noch den Tresor mit meinem Schutzhelm darauf entdecken. Er stand dort ganz allein auf weiter Flur.“

Herr Tahara empfand den Verlust weniger schmerzlich als viele andere. Er hatte in seinem Geschäft viel verdient und war recht wohlhabend. Natürlich konnte er seinen Laden nicht gleich wieder aufbauen, aber das machte ihm nicht viel aus.

Im August 1945 war der Krieg zu Ende, und neun Monate später starb Akitoschis Mutter völlig unerwartet. Er liebte sie – wie jeder Sohn seine Mutter liebt –, doch gelang es ihm, seinen Schmerz so stark zu unterdrücken, daß er keine einzige Träne vergoß.

Zwei Tage nach dem Tod der Mutter kam die Nachricht, daß Akitoschis älterer Bruder in China ums Leben gekommen war.

„Er war zehn Jahre älter als ich“, erzählte er mir, „so daß wir uns nie so nahe gestanden hatten wie andere Brüder. Doch betete ich jeden Tag für ihn, wenn ich an einem Schrein vorbeiging, der zu Ehren eines alten Samurai-Kriegers errichtet worden war. Jetzt berührt es mich seltsam, daß ich meinen

Bruder dem Schutz eines Gottes anvertraute, zu dem ich selbst keine Beziehung hatte. Aber damals wußte ich es nicht besser."

Akitoschi war froh, daß seine Mutter den Tod ihres ältesten Sohnes nicht mehr erfahren hatte. Wenigstens war ihr dieses Leid erspart geblieben. Ihr Leben war wenig glücklich verlaufen. Ein Herzleiden hatte ihr sehr zu schaffen gemacht, und darüber hinaus litt sie unter dem Alkoholismus ihres Mannes.

Herr Tahara hatte erst angefangen zu trinken, als ihm sein Arzt riet, einem drohenden Magengeschwür mit etwas Wein vorzubeugen.

„Trinken Sie etwas Wein vor dem Essen", sagte der Arzt. „Dann sind Sie nicht so hungrig und essen weniger."

Tahara-san befolgte anfangs nur die Anordnungen des Arztes, doch bald reichten ein oder zwei Gläser Wein nicht mehr aus, um das neu entdeckte Verlangen zu stillen. Er nahm immer mehr zu sich und trank schließlich fast jeden Abend zwei Liter in einer Gaststätte. Wenn er betrunken nach Hause kam, machte er seiner Familie das Leben schwer.

Es gelang Akitoschis Vater, in den letzten Kriegsmonaten und unmittelbar danach ein kleines Stück Land zu pachten, um darauf Sojabohnen und Süßkartoffeln anzupflanzen. Dadurch war die Familie verhältnismäßig gut mit Nahrung versorgt.

„Natürlich", erzählte mir Akitoschi, „aßen wir alles, was sich anbot: Blätter und Stiele der Süßkartoffeln, wild wachsendes Grünzeug, Nüsse – was wir eben finden konnten. Manche Leute nahmen ja stundenlange Zugfahrten in Kauf, nur um einen

Sack Süßkartoffeln und ein paar Bohnen zu erstehen."

Bald nach dem Krieg eröffnete Tahara-san ein Fahrradgeschäft. Sein Geld war zu dieser Zeit fast aufgebraucht. Akitoschi reparierte die Fahrräder, und sein Vater machte die Buchführung. Ihre Wohnung grenzte an den Laden an.

Nach dem Tod eines Freundes heiratete Akitoschis Vater dessen Witwe. Sie hatte selbst keine Kinder, nahm sich ihres Stiefsohnes jedoch mit viel Liebe an. Akitoschi schätzte sie sehr. Sie arbeiteten jetzt zu dritt im Fahrradgeschäft und verdienten gut dabei.

Akitoschi hätte zufrieden sein können, war es aber nicht. Immer mehr gewann er den Eindruck, daß die Menschen in seiner Umgebung kein Ehrgefühl mehr hatten. Alle jagten nach Geld, um genügend Essen und Kleidung zu bekommen. Die Bauern verlangten für ihre Erzeugnisse so viel wie nur irgend möglich. Es war ihnen gleichgültig, wenn jemand hungrig war. Hatte er nicht genug Geld, um die überhöhten Preise zu bezahlen, dann würde sich schon ein anderer finden.

Die meisten Geschäftsleute jonglierten willkürlich mit den Preisen, berechneten Extraleistungen, die sie gar nicht erbracht hatten, und betrogen Leichtgläubige und Unvorsichtige.

Keiner von Akitoschis Bekannten war ehrlich. Jeder versuchte die anderen zu hintergehen. Selbst sein Vater wollte ihn dazu überreden, die Kunden zu belügen.

„Wenn so einer hereinkommt, Akitoschi", sagte er und deutete auf einen Kunden, der besonders leichtgläubig zu sein schien, „dann geh mit dem Preis herauf. Der merkt das nie."

„Ich hab' ihm doch schon gesagt, was eine neue Fahrradkette kostet."

„Du kannst ihm ja neue Bremsteile mit anrechnen."

„Die Bremsen habe ich überhaupt nicht angerührt."

„Idiot!" Der Vater wurde böse. „Das weiß der doch nicht! Wie oft muß ich dir das denn noch sagen? Aus dir wird nie ein Geschäftsmann!"

Immer öfter brachen Streitigkeiten aus, und die Sache wurde dadurch verschlimmert, daß Herr Tahara ständig trank.

Akitoschi begründete seinen Wunsch, rechtschaffen und ehrlich zu bleiben, keineswegs mit einem religiösen Gebot. Er wußte einfach, daß er den Anstiftungen zum Betrug nicht folgen durfte.

Eine schreckliche Mutlosigkeit ergriff ihn. Dieses Leben hatte keinen Sinn. Das war nur düsteres, hoffnungsloses Dasein. Statt Freude erwartete ihn gähnende Leere.

Auf seine Art war Akitoschi ebenso verzagt gewesen wie ich. Er war entschlossen, sich nicht zum Bösen verleiten zu lassen. Es konnte doch nicht richtig sein, wenn das ganze Leben nur daraus bestand, möglichst viele Vorteile für sich selbst zu erhaschen, überlegte er. Niemand in seiner Umgebung war in der Lage, ihm Hoffnung für die Zukunft zu geben.

Von der Lehre der christlichen Kirche wußte Akitoschi so gut wie nichts, und er kannte auch niemanden, der Jesus Christus nachfolgte. Seine Verzweiflung war aber so groß, daß er bereit war, überall Hilfe zu suchen. Und in seiner Nähe stand eine kleine japanische Kirche.

Man brauchte viel Mut, um in diese Kirche zu gehen. In den Augen der meisten Japaner war die christliche Kirche ein Werkzeug Amerikas, eine Erinnerung an die schreckliche Zerstörung unseres Landes. Doch Akitoschi war mutig genug, einen christlichen Gottesdienst zu besuchen.

Von der Predigt war er eigentlich enttäuscht. Der Pfarrer schien auch keine Antwort auf seine Fragen zu haben. Es wurde aber bekanntgegeben, daß die Kirche für alle, die zum Gebet kommen wollten, auch wochentags offenstehen würde.

„Ich verstand im Grunde gar nichts von dem, was ich hörte“, berichtete mir Akitoschi. „Doch betete ich sogar und war froh, daß ich mich für irgend etwas einsetzen konnte.“

Nach einigen Wochen teilte ihm der Pfarrer mit, er sei so eifrig und stark im Gebet, daß er die Taufe empfangen könne. Dadurch würde er Kirchenmitglied und hätte gewisse Pflichten zu erfüllen, zum Beispiel, den Gottesdienst zu besuchen und monatlich eine bestimmte Summe zu spenden.

Akitoschi wußte über den christlichen Glauben überhaupt noch nicht Bescheid. Es war ihm klar, daß er nicht so schnell in die Kirche eintreten konnte. Außerdem vermutete er bei der Erwähnung von Spenden sofort, daß der Pfarrer auch wie alle anderen war. Auch er wollte ihn also ausnutzen, um selbst mehr Geld einzunehmen. Enttäuscht blieb er von der Kirche weg. Wieder überkam ihn grenzenlose Verzweiflung.

Aber Gott hatte die Hand nach Akitoschi ausgestreckt und ließ ihn nicht so ohne weiteres gehen.

Hin und wieder kamen Roger und Margaret Fox in einem alten Jeep vorbeigefahren, auf dessen Motorhaube unterhalb der Windschutzscheibe die Worte „Jesus rettet“ auf japanisch standen. Diese Worte erregten Akitoschis Aufmerksamkeit, und er hätte sehr gerne mit den Amerikanern gesprochen, doch traute er sich nicht. Außerdem hatten sie bis vor wenigen Monaten gegen Japan im Krieg gestanden.

Da sich Akitoschi weigerte, zu Margaret und Roger zu gehen, brachte Gott sie zu ihm. Eines Nachmittags betraten sie den Laden, um ein gebrauchtes Fahrrad zu kaufen. Der junge Mann war so aufgeregt, daß er fast nichts herausbrachte. Sie sollten ihm doch sagen, was das Schild auf ihrem Fahrzeug bedeutete. Vielleicht konnten sie ihm auch erklären, warum er so niedergeschlagen war. Wenn er nur den Mut hätte, sie darauf anzusprechen!

Wie fast alle jungen Japaner wollte Akitoschi Englisch lernen und war in einen englischen Konversationsklub eingetreten. Leider waren aber alle Mitglieder Japaner, und selbst der Lehrer war sich über Aussprache und Gebrauch einiger Wörter nicht ganz sicher. „Wir brauchen unbedingt jemanden, der uns sagt, ob wir richtig sprechen“, teilte er der Klasse mit.

Das war Akitoschis Gelegenheit. „Ich kenne einen amerikanischen Missionar“, sagte er. „Ich könnte ihn und seine Frau bitten, uns zu helfen.“

Der Lehrer bezweifelte, daß die Amerikaner kommen würden, beauftragte Akitoschi aber trotzdem, sie zu fragen.

Roger und Margaret ahnten nicht, was dieser junge Mann eigentlich bei ihnen suchte, und meinten, es ginge ihm nur um die Sprache. Freundlich erklärten sie ihm, sie seien nach Japan gekommen, um den Menschen von Jesus Christus zu erzählen. Sie sagten nicht ab, waren von dem Vorschlag, die Lehrerstelle anzunehmen, offensichtlich aber nicht begeistert.

Anschließend erkundigte sich Roger: „Sind Sie Christ?"

Darauf konnte Akitoschi keine klare Antwort geben. Der Missionar fragte ihn deshalb, was seiner Meinung nach einen Gläubigen ausmache.

„Er muß gütig sein", erwiderte Akitoschi, „und jeden Tag beten und die Bibel lesen."

Roger schlug verschiedene Stellen in der Bibel auf und las sie laut vor. Sie besagten klar, daß alle gesündigt und den Tod verdient haben, daß Jesus Christus aber das ewige Leben schenkt.

Akitoschi kam damals nicht gleich zum Glauben. Er schloß sich jedoch einem Studienkreis an, in dem jeden Mittwoch- und Freitagabend Bibeltexte betrachtet wurden.

Schließlich, am 4. September 1952, lieferte er sich mit seinen 19 Jahren ganz an Jesus Christus aus, der ihn erlöst hatte.

Sein Wachstum als Kind Gottes vollzog sich jedoch nur langsam. Monate vergingen, bis er merkte, daß sich sein Leben wirklich verändert hatte.

Etwa zur gleichen Zeit war sein Vater mit dem Fahrradgeschäft nicht mehr zufrieden und nahm sich vor, ein Restaurant zu eröffnen. Er hatte früher schon einmal eins besessen. Den Fahrradladen wollte er schließen und in einem anderen Stadtteil ein kleines Gasthaus übernehmen.

„Wenn du willst, kannst du mitkommen, Akitoschi", bot er ihm an. „Du brauchst aber nicht. Die Entscheidung liegt bei dir." Ihm war seit geraumer Zeit aufgefallen, daß sein Sohn in dem Fahrradgeschäft nicht besonders glücklich war. Aber natürlich war er nicht auf den Gedanken gekommen, wie sehr seine eigene Unehrlichkeit den empfindsamen Akitoschi störte. Er meinte, vielleicht wolle er studieren oder ein ganz anderes Geschäft eröffnen. „Wahrscheinlich willst du lieber selbst Geschäftsmann sein, als Fahrräder zu reparieren."

Roger und Margaret ermutigten Akitoschi damals immer wieder, Gott sein Leben ganz zu übergeben. Sie beantworteten seine Fragen mit viel Sorgfalt und ließen ihn selbst Zeugnis ablegen und Bibelarbeiten leiten. Hin und wieder baten sie ihn sogar darum zu predigen. Und immer, wenn sich die Gelegenheit dazu bot, machten sie ihn darauf aufmerksam, daß die Nachfolge Jesu Christi den vollen Einsatz erfordert.

Häufig fragte Roger ihn auch: „Du wirst doch sicher die Bibelschule besuchen, nicht wahr?"

„Das kann ich nicht." Die Hartnäckigkeit seiner Freunde ärgerte Akitoschi fast so sehr wie die Mühe, die sein Vater aufwandte, um ihn zur Unehrlichkeit zu verleiten. „Ich habe kein Geld. Wie soll ich die Bibelschule denn bezahlen?"

„Gott wird dafür sorgen", antworteten sie ihm.

Akitoschi wurde regelrecht wütend. So etwas gab es vielleicht in den Vereinigten Staaten, aber in Japan herrschten andere Verhältnisse.

Roger und Margaret erzählten ihm dann, wie Gott ihnen immer genau die Geldsumme geschenkt hatte, die sie brauchten, als sie auf der Bibelschule gewesen waren. Manchmal schickte man ihnen Geld, dann wieder brachte irgend jemand unerwartet einen Scheck, so daß alles Nötige immer vorhanden war.

Akitoschi fand solche Erlebnisse sehr beeindrukkend, doch mußte man praktisch denken. Sie hatten sehr viele christliche Freunde, die sich um sie kümmerten. Dagegen würde für ihn, abgesehen von Roger und Margaret Fox, niemand dafür aufkommen, wenn er die Bibelschule besuchte. Gott mußte in Japan anders arbeiten als in Amerika, überlegte Akitoschi. Im Grunde glaubte er einfach nicht, daß Gott die Macht hatte, für ihn ebenso zu sorgen wie für seine amerikanischen Freunde.

Akitoschi hatte noch einen anderen Grund, der Führung Gottes auszuweichen. In seinen eigenen Plänen für sein weiteres Leben war die Bibelschule nämlich nicht eingeschlossen. Nach den Schreibmaschinenkursen, mit denen er begonnen hatte, wollte er sich eine gute Stelle suchen und ein gesichertes Leben führen. Dieses Vorhaben sollte niemand durchkreuzen, auch Gott nicht.

Erbittert kämpfte Akitoschi gegen diese Herausforderung an und suchte sogar bei dem Pfarrer Unterstützung, dessen Gemeinde er vorher enttäuscht verlassen hatte. Er war Japaner und würde seinen Überlegungen zustimmen.

„Er predigte anders, als wir die Bibel verstehen“, vertraute mir Akitoschi später an. „Ich hoffte, er würde mich warnen: 'Diese Missionare wollen dir nur etwas vormachen. Bleib' bei deinem Vorsatz und geh deinen eigenen Weg.' So etwas sagte er aber nicht. Überhaupt bekam ich das von niemandem zu hören, und mir wurde immer elender zumute."

Zwei oder drei Monate bedrückte dieser innere Zwiespalt Akitoschi so sehr, daß er beinahe an nichts anderes mehr denken konnte. Schließlich drängte es ihn eines Abends beim Gebet, die Frage mit jemandem zu klären. Er hätte Roger gerne aufgesucht, sah aber, daß er Besuch hatte, und wollte nicht stören.

Nicht weit vom Haus der Familie Fox wohnte ein anderes Missionarsehepaar. Als er dorthin kam, hörte er, wie Leute in der Küche lachten und sich unterhielten. Er traute sich nicht, so unvermutet hineinzugehen und sie mit seinen Angelegenheiten zu belästigen.

Ratlos kehrte er um und stolperte den Hügel hinunter, bis er vom Tal aus auf einen anderen Weg kam, der zu einem steilen Felsvorsprung führte. An einem Schlagballfeld vorbei stieg er bergauf und hielt schließlich an, als er die Lichter der Stadt in einem schimmernden Halbkreis vor sich ausgebreitet sah.

Das Problem mußte gelöst werden, und niemand konnte ihm dabei helfen. Niemand außer Gott. Er war sich gar nicht so sicher, ob er im Augenblick Gottes Hilfe haben wollte. Gott konnte ihn zu einer Entscheidung führen, vor der er sich fürchtete. Immerhin hatte er ihm wochenlang Widerstand geleistet. Es mußte jetzt eine Klärung geben. So verwirrt und gequält konnte er nicht weiterleben.

Während er so dastand, wurde er etwas ruhiger, und plötzlich meinte er Gottes Stimme zu vernehmen.

„Sieh', was ich für dich getan habe, Akitoschi", schien er zu sagen. „Ich habe dir die Sünden vergeben und deine Seele gerettet. Ich habe dir ein neues Leben geschenkt. Und wie dankst du mir dafür? Indem du selbstsüchtig weiterlebst, ohne darauf zu achten, was ich mit dir vorhabe! Warum weichst du mir aus? Ich möchte, daß du ein Segen für viele Menschen wirst, aber du weigerst dich. Bisher bist du nur vor meiner Führung davongelaufen. Hunderttausende von Menschen leben hier in dieser Stadt und wissen nicht, daß ich meinen Sohn gesandt habe, um sie zu erlösen. Wie viele Gläubige gibt es, die ihnen das sagen können? Das habe ich mit deinem Leben vor, Akitoschi. Und ich werde anfangen, durch dich zu wirken, wenn du dich nicht mehr länger gegen mich stellst."

Akitoschis Widerstand ließ sich nicht länger aufrechterhalten. „Es ist dein Leben, Herr", sagte er gebrochen. „Ich gebe es dir zurück. Mach' mit mir, was du willst."

Seit seine Eltern umgezogen waren, hatte er sich ein Zimmer gemietet und kochte sein Essen selbst. Die Familien Fox und Mc Leroy richteten es so ein, daß ein Teil des Geldes, das sie monatlich der Kirche zukommen ließen, für seinen Unterhalt verwendet wurde.

Diese Art von Spenden kannte man in Japan nicht. Akitoschi war jedoch bereit, sich darauf einzulassen, wenn er auch immer noch bezweifelte, daß seine Unterstützung damit gesichert sei.

Es ging alles ganz gut, bis Roger und Margaret im August für einen Monat Urlaub nahmen. Solange sie in der Nähe waren, fühlte sich Akitoschi einigermaßen sicher. Wenn sie aber auch nur kurze Zeit wegfuhren, erschien ihm seine Lage so bedrohlich, als müsse der Boden unter seinen Füßen jeden Augenblick zusammenbrechen. Ohne daß es ihm bewußt wurde, vertraute er in seiner Unerfahrenheit mehr den Missionaren als Gott selbst.

Zu dieser Zeit schrieb er an ein anderes amerikanisches Ehepaar, das er während eines Einsatzes der „Jugend-für-Christus"-Bewegung in Japan kennengelernt hatte.

„Heute schäme ich mich deswegen", erzählte er mir vor gar nicht allzu langer Zeit, „denn ich beklagte mich in diesem Brief bitterlich. Wenn ich es mir genau überlege, war ich schlimmer als Jona, der sich ungerecht behandelt fühlte, als Gott es sich gereuen ließ und Ninive verschont wurde.

Ich meinte, die Missionare hätten mich im Stich gelassen. Sie hatten mich ermutigt, ganz auf den Herrn zu vertrauen, aber selbst gingen sie weg, ohne sich darum zu kümmern, was aus mir wurde. Ich hatte kein Geld mehr und wollte eben meine Armbanduhr verpfänden. Wenn die paar Yen aufgebraucht waren, wußte ich nicht mehr, wie es weitergehen sollte. Ich konnte mich nicht selbst über Wasser halten."

Postwendend schickten die amerikanischen Freunde an Familie Fox zehn Dollar und versprachen, 25 Dollar monatlich für Akitoschis Unterhalt zu bezahlen. Vor der Inflation konnte man von diesem Betrag gut leben.

Etwa ein Jahr, nachdem sich Akitoschi ganz für die evangelistische Arbeit zur Verfügung gestellt hatte, trat er in das „Japan Christian College“ ein. Jetzt war er endlich auch bereit, sich mit all seinen materiellen Bedürfnissen auf Gott zu verlassen. Als erstes schrieb er deswegen an seine Freunde in den Vereinigten Staaten, entschuldigte sich für sein mangelndes Vertrauen und bat sie für seinen anklagenden Brief um Vergebung.

„Also schickt mir bitte kein Geld mehr“, schrieb er ihnen. „Der Herr wird sicher für mich sorgen.“

Mit ihrer Antwort zerstreuten sie seine Bedenken. „Nicht du hast uns beauftragt, Geld für deinen Unterhalt zu bezahlen, sondern der Herr selbst. Erst wenn er uns befiehlt, das wir dir nichts mehr schikken sollen, hören wir auf.“

Endlich war Akitoschi Tahara dort, wo Gott ihn gebrauchen konnte.

9

Als meine Beinstümpfe nach der Operation geheilt waren, wurden Prothesen für mich angefertigt. Ich werde nie beschreiben können, was für ein Gefühl es war, wieder auf den Beinen zu stehen. Endlich sah ich alles wieder in der richtigen Perspektive.

Ich war schon so lange auf den Knien herumgerutscht, daß ich vergessen hatte, wie man sich normalerweise bewegt. Außerdem war alles zu groß und zu hoch für mich gewesen. Ich konnte nicht beim Geschirrspülen oder Abtrocknen helfen, und ich hatte Mühe, das Licht anzuschalten. Immer wenn ich irgendwo hingehen wollte, brauchte ich Hilfe.

Jetzt kam ich mir wie ein Kind vor, das durch eine wunderbare Fügung in einem Augenblick erwachsen wird. Plötzlich konnte ich alles sehen und anfassen wie andere Leute auch. Ich hielt meinen Körper wieder aufrecht, und bald würde ich in der Lage sein, alleine zurechtzukommen. Es war ein herrliches Gefühl.

Kurz nachdem ich die Prothese erhalten hatte, waren Akitoschi und ich bei der Familie Fox eingeladen. Nach dem Essen half mir Margaret beim Aufstehen und stützte mich zunächst, damit ich mit meinen neuen Beinen laufen lernte. Unsicher schwankte ich zu dem Spülbecken in der Küche hinüber. Dort stand ein Stapel schmutziges Geschirr, und plötzlich drängte es mich, mit dem Abwasch zu beginnen. Um das Gleichgewicht besser halten zu können, lehnte ich mich dabei an das Küchenbüfett.

Voller Begeisterung stand Akitoschi auf und fing an abzutrocknen. Roger holte seine Kamera hervor und fotografierte uns.

Dieser Augenblick ist mir als einer der glücklichsten meines ganzen Lebens in Erinnerung geblieben.

Allerdings fingen meine Beine an den Operationsnarben bald an zu schmerzen. Heftige Krämpfe quälten mich auch in den Oberschenkeln, deren Muskulatur lange nicht mehr beansprucht worden war. Trotzdem nahm ich die Prothesen nur ungern ab. Die Schmerzen ließen erst nach Stunden soweit nach, daß ich einschlafen konnte, doch verlor ich nicht gleich den Mut.

„Ich kann wieder laufen!" sagte ich mir und versuchte, die bohrenden Schmerzen in den Beinstümpfen, den Oberschenkeln und im Rücken nicht weiter zu beachten. „Gelobt sei Gott. Ich kann laufen! Es gibt Menschen, an deren Beinen nichts fehlt, die aber nicht laufen können. Und ich kann laufen, obwohl ich meine Füße und einen Teil meiner Unterschenkel verloren habe. Ich will mich nicht beklagen, auch wenn ich jetzt Schmerzen habe." Ich hätte es am liebsten jedem entgegengerufen: „Gott ist so gnädig und gut! Ich kann laufen!"

Die Herstellung künstlicher Gliedmaßen ist in Japan noch nicht so weit fortgeschritten wie im Westen. Obwohl meine Beine teurer waren, als wir uns vorgestellt hatten, waren sie so klobig und schlecht gearbeitet, daß ich mich nur schwer an sie gewöhnen konnte. Immer und immer wieder mußte ich sie neu anpassen lassen.

„Vergessen Sie nicht, daß Sie damit ja nicht Ihre richtigen Beine zurück bekamen“, erklärte mir der Prothesenhersteller, der mit einem gezwungenen Lächeln seinen Unmut kaum verbergen konnte. „Es braucht Zeit, bis Sie mit ihnen umgehen können.“

Meine Angehörigen verstanden noch weniger als ich, warum ich mich mit den Prothesen so abmühen mußte. Sie freuten sich, daß ich wieder gehen konnte, begriffen aber nicht, warum sie mir jeden Tag helfen sollten, meine Muskeln so zu trainieren, daß sie sich auf diese klobigen Gliedmaßen einstellten. Margaret Fox machte sich deswegen Sorgen und bestand darauf, daß ich für einige Zeit zu ihnen zog.

„Du brauchst jetzt ständig irgend jemanden, der dir beim Gehen behilflich ist, sonst wirst du so entmutigt, daß du aufgibst, ehe du gelernt hast, deine neuen Beine richtig zu gebrauchen“, sagte sie.

Sie hatte recht. Nach und nach bedrückten mich die Schwierigkeiten mit den Prothesen so sehr, daß ich am Ende doch noch auf sie verzichtet hätte.

Allerdings verlief mein Aufenthalt bei der Familie Fox auch nicht sehr glücklich. Ich liebte sie und liebe sie heute noch. Aber ihre Verhaltensweise war mir so fremd, daß ich meinte, die Kulturkreise, in denen wir aufgewachsen waren, glichen sich so wenig wie Tag und Nacht.

Von Kindheit an hatte ich gelernt, es sei eine Tugend, wenn man seine Gefühle unterdrückt. Freude und Schmerz, Liebe und Verdruß mußten vor anderen verborgen bleiben. In der Öffentlichkeit weinte man nicht, und ebenso gab man seine Zuneigung nie durch Zärtlichkeiten zu erkennen. Ich kann mich nicht entsinnen, daß mich meine Mutter jemals geküßt hätte. Sie sagte mir kein einziges Mal, daß sie mich liebte. Auch mein Vater hat mich, solange ich zurückdenken kann, nie umarmt.

Plötzlich sah ich mich in eine Familie versetzt, in der man ganz zärtlich miteinander umging. Alle hatten gelernt, ihre Liebe zu zeigen. Margaret behandelte mich wie ihre eigene Tochter, und wenn sie in meiner Nähe war, streichelte sie mich häufig. Ich zuckte dann jedesmal erschrocken zusammen, obwohl ich sie lange genug kannte, um zu wissen, daß es ihre Art war.

Es war mir auch immer sehr peinlich, wenn Roger seinen Arm um sie legte und sie küßte, so, als ob ich eine Szene beobachtete, die sich eigentlich im Schlafzimmer hätte abspielen sollen.

Nach einiger Zeit erkannte ich zwar an, daß in der Familie Fox andere Umgangsformen herrschten als bei mir zu Hause, aber mich sollte Margaret nicht umarmen. Ich habe mich nie daran gewöhnen können. Damals betete ich darum, daß ich Margaret nicht durch die Ablehnung ihrer Zärtlichkeit verletzen würde.

Als ich endlich gelernt hatte, mit meinen Prothesen zu laufen, kehrte ich nach Hause zurück. Ich vermißte die Familie Fox zwar, doch überwog meine Freude, wieder daheim zu sein, bei weitem. Jetzt hatte ich erst richtig schätzen gelernt, wie gut ich mich mit meinen Angehörigen verstand: Jeder wußte vom andern, was er dachte und wie er sich in einer bestimmten Situation verhalten würde. Sie waren so wie ich, und ich fühlte mich bei ihnen wohler als bei der offenen Art der Familie Fox.

Aus irgendeinem Grunde war ich damals immer sehr leicht entmutigt. „Wir werden nie heiraten, Akitoschi“, sagte ich, „deswegen möchte ich, daß wir uns nicht mehr sehen. Bitte, komm nicht mehr bei mir vorbei.“

Wäre er so unsicher gewesen wie ich, dann hätten wir tatsächlich nicht geheiratet. Aber er hatte offenbar vom Herrn besonders viel Zuversicht erhalten. „Gott hat uns zusammengeführt“, antwortete er mir. „Er hat uns beiden denselben Bibelvers gegeben, um uns zu zeigen, daß er unsere Pläne billigt. Wir werden heiraten, Yoneko.“

Seine Entschlossenheit ließ mich ruhiger werden, doch hauptsächlich verdanke ich es Frau Mc Leroy, daß ich mich weiterhin mit Akitoschi traf. Sie erzählte uns nämlich von einem Ehepaar, das sie in den Vereinigten Staaten kennengelernt hatte. Die junge Frau war blind. Als sie erfuhr, daß sie ein Kind bekommen würde, war sie zuerst sehr besorgt gewesen. Gemeinsam mit ihrem Mann hatte sie Gott darum gebeten, er möge ihnen helfen, das Kind zu versorgen. Der Ehemann konnte nicht immer zu Hause sein, denn er mußte arbeiten. Sie hatten auch kein Geld, um jemanden anzustellen, der sich um das Kind hätte kümmern können.

„Als die Mutter anfing, das Kind zu füttern“, erzählte Frau Mc Leroy, „merkte sie, daß sie nicht nach seinem Mund zu suchen brauchte. Kaum hielt sie einen Löffel voll Kindernahrung hin, so kam ihr das Kleine schon entgegen. Das Wickeln und alles, was notwendig war, um dieses kleine Kind zu versorgen, machte ihr bald überhaupt keine Schwierigkeiten mehr. Ja, anfangs war es schwierig gewesen. Sie hatte lernen müssen, daß sie nicht wie andere Frauen mit dem Kind umgehen konnte, aber Gott hatte sie in allen diesen Dingen selbst geführt. Nach kurzer Zeit hatte sie ihre Aufgabe so gut wie jede andere Mutter erfüllen können. Sie war jetzt sicher, daß dem Kind durch ihre Blindheit nichts abging.

Nach etwa einem Jahr hörte sie, daß eine Operationsmethode entwickelt worden war, mit der ihre Art von Blindheit geheilt werden konnte. Sie ließ sich operieren und erhielt ihr Augenlicht wieder. Als ihr zweites Kind zur Welt kam, war es wie andere Kinder auch. Es besaß nicht die Fähigkeit, seiner Mutter zu helfen, und sie brauchte diese besondere Hilfe ja auch nicht mehr.

Ihr müßt nicht denken, daß Gott meine blinde Freundin mehr als andere Menschen liebte. Jedem, der besonders bedürftig ist, schenkt er seine besondere Gnade. Das gilt auch für dich, Yoneko, und für Andy. Vertraue nur weiter auf den Herrn, daß er dir die Gnade und Kraft gibt, die du brauchst. Du schaffst es schon. Und wenn du die Überzeugung gewinnst, daß dich Gott dahin führt, Andy zu heiraten, zögere nicht deiner Beine wegen. Gott wird dir helfen, auch dieses Hindernis zu überwinden."

Von dieser Erzählung wurde ich tief berührt. Ich hatte Angst davor, Kinder zu bekommen und sie versorgen zu müssen. Das war einer der Gründe für meinen Entschluß, nicht zu heiraten. Ich wußte, daß Akitoschi Kinder sehr gern hatte. Und wenn wir heirateten, wollte ich auch eine Familie haben.

Es machte mir Mut zu hören, wie Gott Frau Mc Leroys blinder Freundin geholfen hatte.

Und warum sollte ich nicht glauben, daß Gott für mich ebenso sorgen würde wie für die Frau, die nicht sehen konnte? Hatte er mich nicht am Leben erhalten, als ich den Tod herbeigesehnt hatte? Hatte er nicht, als ich noch nichts von ihm wissen wollte, Akitoschi und den Missionar in die Klinik geschickt, damit sie mir von ihm erzählten? Und hatte er uns schließlich nicht denselben Bibelvers geschenkt und damit seine Zustimmung zu unserer Ehe besiegelt?

Erst jetzt begann ich Pläne für unsere Heirat zu schmieden und zuversichtlich auf Gott zu blicken, der mir in meinen Nöten nahe sein wollte.

Allerdings kann ich nicht behaupten, daß meine Zweifel völlig verflogen wären und ich mich vor der Verantwortung, die ich mit der Ehe auf mich nehmen wollte, gar nicht mehr gefürchtet hätte. Es gab immer noch Augenblicke, in denen ich Angst hatte, keine Ehe führen zu können. Dann wünschte ich mir, daß Akitoschi wegginge und nie wieder zurückkame. An meiner Liebe zu ihm zweifelte ich nicht. Aber er war der Anlaß für den inneren Aufruhr und die Qualen, die ich durchzustehen hatte. Wenn er nicht dagewesen wäre, hätte ich die Entscheidung, die mir so schwerfiel, nicht treffen müssen.

Akitoschi ging jedoch nicht weg. Er war immer in meiner Nähe und bemühte sich, alle meine Nöte und die Wünsche, die er erfüllen konnte, im voraus zu ahnen. Ich konnte ihm nicht ausweichen.

Schließlich heirateten wir und zogen in ein kleines Haus, in dem früher Pferde und Rinder untergebracht gewesen waren.

Akitoschi hatte zunächst gezögert, bevor er mich dorthin brachte. „Es ist nicht sehr groß“, sagte er.

„Aber es ist unser eigenes Haus.“

„Hai“, stimmte er mir zu. „Es ist unser Heim.“ Als ob er Angst gehabt hätte, einen falschen Eindruck bei mir zu erwecken, fügte er dann schnell hinzu: „Vielleicht sollte ich lieber sagen: 'Es ist ein Schuppen.' Als Haus kann man es eigentlich nicht bezeichnen.“

Ich kniff die Augen zusammen. „Ein Ladengebäude?“ fragte ich.

„Nicht direkt“, stammelte Akitoschi. „Es ist ähnlich wie ein kleiner Stall.“

„Ein Stall? Das kann doch nicht dein Ernst sein.“

„Eigentlich ist es noch zu klein für einen Stall. Am besten nennen wir es einen Verschlag.“

Endlich war es heraus! Akitoschi sah mich ängstlich an und fragte sich, was ich wohl denken und sagen würde.

„Aber es sind schon lange keine Tiere mehr drin gewesen“, fügte er noch schnell hinzu. „Das Häuschen ist sauber und recht nett angestrichen worden. Wir können noch einmal drüberstreichen, wenn du willst.“

Ich war zu glücklich, um Einwände zu machen, und zu aufgeregt, um irgend etwas an unserer Wohnung auszusetzen. Akitoschi und ich waren verheiratet und würden unser weiteres Leben zusammen verbringen. Nur darauf kam es mir an.

In meinen Augen gab es nichts, was mein Mann nicht fertigbrachte. Fragte man ihn nach der Auslegung einer Bibelstelle, so blieb er niemals die Antwort schuldig. Mit den Missionaren unterhielt er sich über jedes Thema, das zur Erörterung stand, und wenn bei ihnen irgend etwas repariert werden mußte, so riefen sie ihn. Da er das Haus, den Schuppen, den Verschlag oder was immer es auch sein mochte, ausgesucht hatte, war es gut genug für uns. Andernfalls würde er es bewohnbar machen. Ich hatte volles Vertrauen in seine Fähigkeiten.

Wir zogen in ein Haus ein, das noch kleiner war, als ich mir vorgestellt hatte. Es enthielt im Parterre ein einziges Zimmer, das groß genug war, einen Datsun oder einen Toyota, einen Kleinwagen also, darin unterzubringen. In einer Ecke gab es eine winzige Küche und oben einen Boden, der halb so groß war wie das darunterliegende Zimmer. Nur in der Mitte des Bodens konnten wir unter der Dekkenwölbung aufrecht stehen.

Ich betrachtete mir das Haus und kicherte. „Es sieht wie ein Puppenhaus aus, Anata", sagte ich und benutzte dabei die Anrede vieler japanischer Frauen für ihren Gatten.

Akitoschi sah mich an und lachte. Die Spannung hatte sich gelöst. Er wußte, daß ich dieses kleine Haus ohne Murren als unser Heim annehmen würde.

Freilich war ich so erzogen, daß ich es nie gewagt hätte, meinem Mann zu widersprechen, doch Akitoschi besaß ein so feines Gefühl für meine seelische Verfassung, daß er meine Antipathie sofort gespürt hätte.

Die Größe des Hauses machte mir wirklich nichts aus. Ob es nun eine Villa im Palastviertel von Tokio, eine exquisite Wohnung in einem der neuen Hochhäuser oder ein Verschlag war, der für Kühe oder als Autogarage sieben Kilometer von Hachioji entfernt gebaut worden war, das war mir alles gleich.

Ich wußte, daß mich Jesus Christus erlöst hatte und daß mich Akitoschi liebte – und ich konnte gehen. In meinem Innern hörte ich noch das Halleluja, das wir bei der Trauung gesungen hatten. Ich konnte gehen! Wundern Sie sich, daß ich Gott lobte und pries? Können Sie sich vorstellen, weshalb ich mich als die reichste aller Frauen fühlte?

Unseren Haushalt mußten wir so bescheiden wie möglich führen. Akitoschi ging noch zur Bibelschule, und wir lebten von den Spenden der Gläubigen, die sich für uns verantwortlich fühlten. Nur selten hatten wir mehr Geld, als wir für das Allernotwendigste brauchten.

Ich war vollauf damit beschäftigt, kochen zu lernen und unser kleines Heim sauber zu halten, ohne Akitoschi oder eine der Missionarinnen um Hilfe bitten zu müssen.

Als wir eine Weile verheiratet waren, merkte ich, daß mein Mann keineswegs so fehlerfrei war, wie ich zuerst angenommen hatte. Seine Kleider ließ er genau da liegen, wo er sie ausgezogen hatte. Wenn ich ihn darauf ansprach, tat es ihm leid, und er wollte sich bessern. Seltsamerweise erinnerte er sich jedoch morgens nie an das, was er am Abend zuvor so ernsthaft versprochen hatte. Mit der Zeit fand ich es einfacher, für ihn aufzuräumen, als ihn ständig zur Ordnung anzuhalten.

Während sich Akitoschi in der Schule oder in der

Missionsbuchhandlung in Yokohama aufhielt, eignete ich mir die einfachen kleinen Fertigkeiten an, die einer Hausfrau sonst so selbstverständlich sind, daß sie gar nicht darüber nachdenkt.

Das Kartoffelschälen war für mich zuerst besonders schwierig. Eigentlich hätte ich ja Akitoschi bitten können, diese Arbeit zu erledigen, denn er war gern bereit, mir zu helfen. Ich wollte ihn aber nicht belästigen. Mein Vater hatte oft gesagt, ich sei ganz die Tochter meiner Mutter; genau wie sie war ich immer bemüht, meine Angelegenheiten selbst zu erledigen. Schon als Kind war es mir unangenehm gewesen, die Hilfe anderer in Anspruch zu nehmen, und ich hatte endlos lange an einem Knopf herumprobiert, statt irgend jemanden in der Familie zu bitten, ihn für mich anzunähen.

Es war mir immer wichtig gewesen, hübsch auszusehen. Vor dem Unfall hatte ich mir mein Haar selbst hochgesteckt; danach frisierte mich Yuriko. Jetzt aber wohnten wir mehrere Kilometer voneinander entfernt. Nach vielen mühsamen Versuchen fand ich heraus, wie ich mein Haar ebenso wie andere Frauen aufrollen konnte: Ich beugte mich vornüber und hielt jeweils eine Strähne mit dem Handballen fest, bis ich sie mit einer Haarnadel aufgesteckt hatte. Das Frisieren dauerte auf diese Weise etwas länger als vor dem Unfall, doch ich schaffte es.

Von ganzem Herzen suchte ich die Führung Gottes, sobald in einer neuen Situation Hindernisse auftraten. Ich lobte ihn und war ihm dankbar dafür, daß er mir immer wieder half, die Schwierigkeiten zu bewältigen.

10

Als ich erfuhr, daß ich schwanger war, erschrak ich zunächst. Obwohl wir uns auf ein Kind freuten, konnte ich meine Furcht doch nicht ganz unterdrücken. Ich glaube, die meisten jungen Frauen nehmen diese Nachricht mit gemischten Gefühlen entgegen. Mir graute vor den langen, beschwerlichen Monaten der Schwangerschaft. Gleichzeitig erfaßte mich aber auch eine freudige Erregung darüber, daß ich neues Leben zur Welt bringen durfte.

Ich wünschte mir sehnlichst, daß mich Akitoschis Kind mit seinem zarten Lächeln und den schüchternen, ausdrucksvollen Augen ebenso ansehen würde wie er. Wie schön mußte es sein, so ein süßes, kleines Wesen an mich zu drücken und seine winzigen Lippen an meiner Brust spüren zu dürfen.

Aber es war auch eine große Verantwortung, und ich fürchtete mich vor den Anforderungen, die ein Säugling an mich stellen würde.

Ich hatte zwei Tage kämpfen müssen, ehe ich eine Kartoffel mit zwei Fingern und einem Daumen schälen konnte. Wie sollte ich mir all die Fertigkeiten aneignen, die ich brauchte, um ein kleines Kind zu versorgen?

Die amerikanischen Missionarinnen gaben sich große Mühe, mich davon zu überzeugen, daß ich nichts zu befürchten hätte. Doch es schien mir, sie mußten deshalb soviel Überredungskunst aufwenden, weil sie selbst unsicher waren.

Akitoschi schob meine Bedenken mit einem Achselzucken beiseite. „Gott wird schon dafür sorgen“, sagte er so leichthin wie immer dann, wenn uns das Geld für die Bezahlung einer Rechnung fehlte.

In Wirklichkeit machte er sich über all das, was auf mich zukam, ebensoviel Sorgen wie ich, und er betete sehr für mich. Da er mir seine Besorgnis jedoch nicht zeigte, gewann ich den Eindruck, daß er keinen Anteil an meinen Befürchtungen nahm.

Seit wir uns kennengelernt hatten, war ich nur ganz selten zornig über ihn gewesen, aber jetzt hätte ich ihn am liebsten angeschrien und ihm sein leichtfertiges Vertrauen in meine Fähigkeiten vorgeworfen. Er hatte leicht reden, sagte ich mir und kochte dabei innerlich. Mit einem Arm und zwei Beinen, die nicht meine eigenen waren, sollte ich mit der Versorgung eines kleinen Kindes fertig werden. Überhaupt mußte ich mit jeder neuen Situation aus eigener Kraft fertig werden und nicht nur lernen, welche Aufgaben zu bewältigen waren, sondern auch, wie ich sie mit meiner schweren Behinderung bewältigen konnte.

Wieder einmal wurde ich von Selbstbemitleidung geplagt. Ich war davon überzeugt, daß ich als einzige junge Frau in ganz Japan vor so schweren Problemen stand.

Meine Erbitterung sprach ich jedoch nicht aus, sondern unterdrückte sie so gut wie möglich. Ich versuchte sogar, mich zu einem Lächeln zu zwingen. Doch wie immer spürte Akitoschi, wie verwirrt und ratlos ich war. Bald darauf brachte er ein Buch über Kinderpflege von einem bekannten amerikanischen Arzt mit nach Hause.

„Damit kann ich nichts anfangen. Es ist ja die englische Ausgabe“, wandte ich ein, als er es mir gab.

„Ich weiß. Ich übersetze es für dich.“

Meine Erbitterung verschwand mit einem Mal, und ich hätte mich so gerne an seine Brust gelehnt, um meine quälende Angst hinauszuschluchzen. Doch das gehörte sich nicht. Also setzte ich mich gehorsam hin und hörte zu, wie er aus dem englischen Buch vorlas und mir die einzelnen Abschnitte ungefähr ins Japanische übersetzte.

Für meine besonderen Probleme mußte ich eine eigene Lösung finden. Wie sollte ich einen Säugling mit zwei Fingern und einem Daumen wickeln, ein hilfloses kleines Kind baden und umhertragen, ohne es fallen zu lassen? Ich mußte irgendwie lernen, mein Kind zu halten, ihm Medikamente zu verabreichen, es zu waschen und überhaupt als Mutter zu versorgen. Durch die Übersetzung des Säuglingsbuches erfuhr ich jedoch sehr genau, welche Aufgaben ich zu erfüllen hatte.

In diesen langen Wochen der Schwangerschaft wuchs meine Liebe zu Akitoschi. Mir wurde ganz neu bewußt, daß mir Gott genau den richtigen Mann geschenkt hatte. Er wußte über alles Bescheid und war so liebevoll, daß die Furcht in meinem Innern allmählich verschwand.

Seit dem Beginn unserer Ehe habe ich mehr als einmal feststellen müssen, daß Akitoschi nicht vollkommen ist. Er läßt sich leicht entmutigen, und manchmal fehlt es ihm wirklich an dem Verständnis, das ich so dringend brauche. Alle diese Unzulänglichkeiten konnte ich damals jedoch übersehen, denn er bewies unendliche Geduld und war makellos in seiner Güte und seinem Mitgefühl mit mir.

Die letzten Wochen der Schwangerschaft sind ein Alptraum für jede werdende Mutter. Für mich waren sie besonders beschwerlich. Ich glaubte, mein dicker, unförmiger Bauch würde nie wieder zurückgehen, und das Gefühl der Schwerfälligkeit und die Schmerzen im Rücken würde ich nie wieder verlieren. Mir war nicht übel, aber ein gewisses ständiges Unbehagen wurde ich nicht los.

Zu den allgemeinen Beschwerden kam hinzu, daß ich meinen Körper nur mit Mühe im Gleichgewicht halten konnte und das Gehen auf Prothesen zur Qual wurde. Morgens graute mir davor, aufzustehen und für Akitoschi das Frühstück zuzubereiten, und es kostete mich eine große Überwindung, unser kleines Heim zu putzen. Sogar der Gottesdienstbesuch wurde mir zur Qual. Ich meinte, ich müsse immer eingesperrt bleiben.

Akitoschi sorgte sich darum, wie ich wohl ins Krankenhaus kommen würde. Er sagte zwar nichts, weil er meinte, er würde mich damit ängstigen, doch merkte ich ihm an, daß er unruhig war. Er war tagsüber fast nie zu Hause. Sollten die Wehen beginnen, wenn er arbeitete oder in der Schule war, so mußte er sicher sein, daß mir jemand anderes half.

Er wußte, daß es einen Krankentransport der Feuerwehr gab. Deswegen erkundigte er sich dort. Jawohl, wir konnten ihren Wagen rufen, und sie würden mich gern ins Krankenhaus der Adventisten bringen, auch wenn es weit entfernt war. Akitoschi war erleichtert und bat einen Nachbarn, die Feuerwehr anzurufen, wenn es soweit wäre.

Obwohl alles gut vorbereitet war, wollte mich Gott anscheinend nicht allein ins Krankenhaus gehen lassen. In seiner Gnade und Güte richtete er es so ein, daß Akitoschi bei mir war, denn er wußte noch besser als ich, wie sehr ich meinen Mann brauchte.

Einen Tag bevor das Kind geboren werden sollte, hatte ich einen Termin bei meiner Ärztin. Ich mußte am Sonntagnachmittag zu ihr ins Adventistenkrankenhaus fahren, wo nur der Samstag als Ruhetag galt. Für uns war das sehr günstig, denn in der Woche war Akitoschi ja in der Schule und an seiner Arbeitsstelle in der Missionsbuchhandlung. Er konnte sich schwer freimachen, auch wenn es nur um einen Nachmittag ging.

Als wir das Haus verließen, fühlte ich mich nicht anders als in den vorhergehenden beiden Wochen. Ich hatte schlecht geschlafen und mehrmals ein Ziehen im Unterleib gespürt, doch hatten die Schmerzen nachgelassen, nachdem ich aufgestanden war.

Akitoschi brachte mich mit dem Fahrrad zum Bahnhof. Auf dem gepolsterten Rücksitz versuchte ich mich so gut es ging festzuhalten und mit meiner unförmigen Figur das Gleichgewicht nicht zu verlieren. Sicherlich haben sich die Leute nach uns umgedreht, während wir die drei Kilometer auf Akitoschis Fahrrad zurücklegten und es schließlich am Bahnhof abstellten.

Die Ärztin untersuchte mich und schlug uns einen Spaziergang um den Häuserblock vor. Als wir zurückkamen, teilte sie mir mit, die Geburt sei für den nächsten Tag zu erwarten. Sie riet mir, sofort im Krankenhaus zu bleiben.

Akitoschi blickte mich aufmerksam an, weil er befürchtete, daß ich erschrocken sei. Aber Gott hatte meine Ängste besiegt und mir Frieden geschenkt.

Ich wußte nicht, wie ich das Neugeborene versorgen sollte, doch ich vertraute auf die Zusicherung Gottes, der mir die notwendige Hilfe und Weisheit nicht vorenthalten würde. Akitoschi drückte es so aus: Ich erwartete ein Wunder.

Und in den folgenden Monaten, als ich mich mit der Versorgung des Säuglings abmühte, erlebte ich nicht nur ein Wunder, sondern viele.

Unsere Maria kam dann ohne Komplikationen zur Welt, und ich erholte mich schnell wieder. Nach zehn Tagen wurden wir aus dem Krankenhaus entlassen – genau wie andere Mütter und deren Neugeborene auch.

Akitoschi arbeitete noch einmal mit mir das Säuglingsbuch durch, damit ich mir das Wichtigste aufschreiben konnte.

Seit Beginn unserer Ehe hatten wir immer nur die notwendigsten Dinge anschaffen können. Unser Mobiliar bestand aus einem transportablen Kleiderschrank, einem kleinen Tisch und einem ebenso kleinen Küchenbüffet. Wir hatten nicht einmal genug Geld, um eine Kommode für die Säuglingswäsche zu kaufen. Deswegen brachte Akitoschi einige Obstkisten mit nach Hause und bastelte Regale daraus. Er strich sie mit fröhlichen Farben an, während ich Vorhänge für sie aus einem Stoff nähte, den uns die Missionare geschenkt hatten.

Freunde in den Vereinigten Staaten hatten uns Windeln für Maria geschickt. Darüber hinaus erhielten wir von den Missionaren Babywäsche, aus der ihre eigenen Kinder herausgewachsen waren.

Die Frau eines Lehrers an der Bibelschule stellte uns eine zusammenklappbare Badewanne für Säuglinge zur Verfügung. Diese kleine Wanne aus Kunststoff konnte ich gleichzeitig als Wickeltisch benutzen. Sie war auf einem Ständer befestigt und wurde mit einer in der Höhe verstellbaren Platte zugedeckt. Zum Ausziehen legte ich meine Tochter auf die Platte; dann nahm ich sie auf den Arm und entfernte mit Hilfe eines Fußpedals die tischartige Fläche, um Maria in die Wanne zu legen. Nach dem Bad hielt ich den Säugling wieder fest, ließ die Platte herunter und konnte mein Kind bequem darauf abtrocknen und anziehen. Dieses Gerät erleichterte mir das Baden und Wickeln ganz erheblich.

Unsere Freunde an der Bibelschule hatten uns mit ihrem kleinen Wagen aus dem Krankenhaus abgeholt, denn die amerikanischen Missionare Fox und Mc Leroy waren damals schon nicht mehr in Japan.

Die junge Krankenschwester, die Maria vor der Entlassung anziehen sollte, hatte noch nie amerikanische Säuglingswäsche gesehen. Völlig ratlos hielt sie das seltsame Tuch hoch.

„Lassen Sie mich das machen“, warf Akitoschi ein. „Ich weiß, wie das geht.“

Sie war völlig verblüfft. Offenbar hatte sie noch nie erlebt, daß sich ein Mann in der Säuglingspflege auskannte. Selbst ich war über sein Geschick erstaunt.

„Ich habe schon häufig bei amerikanischen Freunden Kinder gehütet“, erklärte Akitoschi.

Als wir allein waren, kamen wir darauf zu sprechen, daß uns Gott auch in diesem Punkt wunderbar geholfen hatte. Manchmal hatte Akitoschi schon gemeint, Roger und Margaret Fox nutzten ihn aus, indem sie ihn zum Kinderhüten anstellten. In Wirklichkeit hatte er dabei jedoch viel gelernt. Er konnte jetzt einen Säugling trockenlegen, baden und füttern. Und mir konnte er das alles zeigen.

Die Frau des Bibelschullehrers erklärte mir noch, wie ich mit der zusammenklappbaren Badewanne umgehen mußte, und dann war ich selbst für Maria verantwortlich.

Sobald Akitoschi am nächsten Tag zur Arbeit gegangen war, entschloß ich mich, meine Tochter zu baden. Ich heizte ein, bis unser Haus ungewöhnlich warm war, und dann stellte ich die Wanne in unsere winzige Küche neben das Spülbecken. Mir war nicht ganz wohl zumute, als ich Maria entkleidete, aber ich hätte mich nicht zu sorgen brauchen. Ich kam sehr gut zurecht, wenn es auch länger dauerte als bei einer Mutter mit zwei Händen.

Als Akitoschi gegen Abend nach Hause kam, war ich außer mir vor Freude. „Ich habe sie allein gebadet! Es war ganz leicht. Und es gefiel ihr wie einer Erwachsenen.“

Ich glaube, seit unserer Bekehrung und unserer Hochzeit hatten wir beide uns nicht mehr so gefreut. Lange lagen wir uns in den Armen und priesen Gott, der so wunderbar für uns sorgte.

„Die Missionare haben wirklich recht gehabt“, murmelte ich. „Gott hilft mir genauso, wie er der blinden Frau geholfen hat.“

Unser Hauswirt war ebenso erstaunt wie ich. „Ich höre Ihre Tochter nur selten schreien“, sagte er.

„Und sie wirkt auch so fröhlich. Wie kommt das?"

Maria war wirklich ein außergewöhnliches Kind. Wenn ich sie wickeln wollte, lag sie ganz still da und hielt ihre kleinen Beinchen hoch, bis ich fertig war. Beim Anziehen war sie ganz geduldig, obwohl ich mit den Knöpfen und Schlingen oft Schwierigkeiten hatte. Und sobald ich sie im Arm hielt, legte sie mir ihre kleinen Ärmchen um den Hals und hängte sich an mich.

Trotz aller Freude war Akitoschi manchmal sehr niedergeschlagen. Wir konnten uns so vieles nicht leisten, was wir dringend brauchten, daß er das Gefühl hatte, er komme seiner Verantwortung als Ehemann und Vater nicht nach. Ein paar Monate mußten wir mit den fünfzig Dollar auskommen, die wir aus den Vereinigten Staaten erhielten. Wenn das Geld einmal nicht pünktlich eintraf, konnten wir unsere Rechnungen kaum noch begleichen.

Trotzdem zogen wir von jedem Scheck die Spenden ab, bevor wir etwas für uns kauften. „Wir müssen zuerst Gott geben, was ihm gehört", war Akitoschis Grundsatz.

Danach legten wir soviel Geld beiseite, wie wir für Marias Milchpulver brauchen würden. Von dem übrigen lebten wir.

Wir mußten nie Hunger leiden, obwohl wir manchmal befürchteten, es sei nicht zu vermeiden. Allerdings hatten wir manchmal nicht genug Geld, um mit der Bahn zur Kirche zu fahren und noch etwas für die Kollekte übrig zu haben. Dann lud Akitoschi Maria und mich aufs Fahrrad und strampelte die acht bis zehn Kilometer lange Strecke, die zur Hälfte gepflastert war.

Maria war erst sieben Monate alt, als wir den Weg zum erstenmal mit dem Rad zurücklegten, doch sie klammerte sich so fest an mich, daß ich gar keine Angst hatte, sie zu verlieren.

Mit zwei Jahren wollte mir Maria immer beim Geschirrspülen zusehen, denn Wasser übte damals eine unwiderstehliche Anziehung auf sie aus. Sie stand dann auf einem kleinen Hocker und schielte unter meinem Arm hindurch. Es machte ihr nichts aus, daß sie hin und wieder naßgespritzt wurde – im Gegenteil, das machte ihr besonders Spaß.

Eines Abends kam ich mit einem großen Aluminiumkessel nicht zurecht. Ich konnte ihn nicht gleichzeitig festhalten und ausschrubben. Da ergriff Maria ihn schnell mit ihren kleinen Patschhändchen und hielt ihn so, daß ich ihn saubermachen konnte. Ich war verblüfft und spürte aufs neue die Gegenwart des Herrn, der mir wieder einmal so freundlich geholfen hatte.

Akitoschi besuchte abends häufig Versammlungen. Ich blieb auf, bis er zurückkam, und hatte meistens Tee und etwas zu essen vorbereitet, damit wir uns in Ruhe über alles, was wir am Tag erlebt hatten, unterhalten konnten. An dem Abend konnte ich seine Ankunft kaum erwarten, so brannte ich darauf, ihm von Maria zu berichten.

„Als sie mir so unerwartet zu Hilfe kam", erzählte ich ihm außer Atem, „da hatte ich den Eindruck, Jesus selbst stünde neben mir, um mir zu zeigen, wie sehr er sich um mich kümmerte. Ich konnte ihn beinahe sagen hören: 'Siehst du, deine Kleine ist keine Last für dich. Sie ist eine Hilfe.'"

Nachdem ich meinen Bericht beendet hatte,

schwieg Akitoschi eine ganze Weile. Dann zitierte er eine Bibelstelle: „Laß dir an meiner Gnade genügen“ (2. Korinther 12,9).

Wenn Akitoschis Arbeit ihn in eine andere Gegend führte, zogen wir jedesmal um. Als Maria fünf oder sechs Jahre alt war, wohnten wir in einem Haus, vor dem einige Betonstufen zu einem gepflasterten Weg führten. Der Weg war so uneben, daß mir das Laufen schwerfiel. Da ich gern mit Leuten zusammenkam und nicht immer zu Hause bleiben wollte, begleitete mich Maria häufig.

Zunächst ging sie neben mir, als wir das erstemal in dem fünfzig Meter entfernten Laden einkaufen wollten. Auf dem holperigen Weg spürte sie jedoch, daß ich Angst hatte hinzufallen, und sagte schnell: „Ich gehe jetzt vor dir her, Mama. Ich bin stark. Halte dich an meinem Hals fest, dann bin ich dein Krückstock.“

Wenn sie mit mir ging, fürchtete ich mich nicht mehr vor dem Weg. Sie war tatsächlich ein guter, kräftiger Krückstock für mich.

Unser Haus hatte damals einen kleinen Balkon zur Straße hinaus. Er war zu schmal für einen Erwachsenen, doch Maria machte ihn zu ihrem Aussichtsplatz. Sie streckte ihre Beine durch das Geländer hindurch und beobachtete, wer vorbeiging. „Hallo!“ rief sie dann mit ihrer dünnen Kinderstimme. „Wie geht's?“

Bald wußte jeder ihren Namen und grüßte zurück: „Guten Tag, Maria-san. Wie geht es dir?“

Es war herrlich, mit ihr einkaufen zu gehen. Mich kannten die Leute oft nicht, doch auf Maria kamen sie zu und unterhielten sich mit ihr. Dadurch konnte auch ich leicht ein Gespräch mit ihnen anfangen.

Einer der Honoratioren der Stadt erzählte Akitoschi einmal, daß er mir ein Jahr lang fast täglich begegnet war, ohne meine Behinderung zu bemerken. Es war ihm nicht einmal aufgefallen, daß ich nur noch einen Arm besaß.

Etwa zur gleichen Zeit fragte eine alte Dame, die nebenan wohnte, Maria über mich aus. Da sie schwerhörig war, wurde das Gespräch so laut, daß ich es im Zimmer mithören konnte.

„Fehlt deiner Mutter ein Arm?“

„Nein“, antwortete Maria so natürlich, als hätte man sie gefragt, ob wir nachmittags Tee trinken. „Sie hat nur einen Arm. Sie hat auch keine Beine.“

Ich erinnere mich nicht mehr daran, was die Dame erwiderte, jedenfalls sagte Maria stolz: „Aber weißt du, Omi, sie hat mir dieses Kleid mit ihrem einen Arm gemacht. Sie macht alles ganz prima.“

Als Ruth, unsere zweite Tochter, geboren war, half mir Maria sehr, obwohl sie hin und wieder etwas Eifersucht durchblicken ließ. Bekam das Baby die Flasche, wollte sie auch eine. Deswegen gab ich ihr jedesmal ein Glas Milch, wenn Ruth gefüttert wurde.

Die beiden Mädchen waren allerdings von sehr unterschiedlichem Temperament. Maria hatte sich als Säugling geradezu musterhaft verhalten. Sie schien schon damals ein Gefühl dafür zu haben, wie sie mir in jeder Hinsicht behilflich sein konnte. Ruth machte auch keine außergewöhnlichen Schwierigkeiten, aber sie war wie viele andere Kinder. Beim Wickeln strampelte sie wie wild, und wenn ich mich bemühte, ihre Strampelhöschen zu-

zuknöpfen, drehte und wand sie sich und zappelte wie ein kleiner Fisch.

Gott hatte gewußt, daß ich von Maria besondere Unterstützung brauchte. Als Ruth zur Welt kam, war ich schon erfahren und selbstbewußt. Und ich hatte Maria, die mir in vieler Hinsicht an die Hand ging.

Immer wenn ich die Geschichte vom Manna in der Wüste lese, muß ich daran denken, daß sie meiner eigenen Erfahrung sehr ähnelt. Gott schenkte ihnen nur soviel Manna, wie sie für den jeweiligen Tag benötigten. Wenn sie versuchten, mehr einzusammeln, war es am nächsten Morgen wurmig und ungenießbar. Er gab mir die Unterstützung, die ich bei Maria so dringend brauchte. Jetzt konnte ich eine besondere Unterstützung entbehren, und deswegen verhielt sich unser zweites Kind wie alle anderen.

11

Die Geburt unserer Töchter stellte mich zwar vor neue Probleme, doch hatte ich in bezug auf meinen Haushalt auch vorher schon viele Schwierigkeiten zu bestehen gehabt.

Sowohl Akitoschi wie auch ich waren in Häusern aufgewachsen, die wesentlich besser eingerichtet waren als das, das wir uns nach unserer Heirat leisten konnten. Die Möbel waren weit bequemer und schöner gewesen, und unsere Eltern hatten sich immer das Essen leisten können, auf das sie Appetit hatten. Doch wir waren jung und wollten dem Herrn dienen. Schon vor unserer Heirat wurde uns klar, daß wir nicht soviel haben würden wie andere junge Ehepaare.

Die Gegend, in der wir wohnten, war nicht schlecht, und unsere bäuerlichen Nachbarn waren freundlich. Trotz des Mangels an Annehmlichkeiten waren wir glücklich. Oder vielleicht war es so, wie Akitoschi häufig meinte, daß materielle Dinge nur wenig zum Glücklichsein beitrugen.

Ich kann nicht behaupten, daß ich mit unserem kleinen Heim restlos zufrieden gewesen wäre. Es kam mir immer wie ein Stall vor – und das aus gutem Grund: Es war tatsächlich früher ein Stall gewesen.

Innen war es nicht angestrichen. Wie ich mich entsinne, war es mit Sperrholzfurnier getäfelt gewesen. Die Hälfte des Küchenfußbodens war mit Holz ausgelegt, die andere Hälfte bestand aus Erde. Und das Wasser, das wir brauchten, mußten wir von außerhalb herbeischleppen.

Akitoschi konnte es kaum mitansehen, daß wir so primitiv wohnen mußten. Von unserem kärglichen Einkommen kaufte er Bretter, mit denen er die Erde des Küchenfußbodens belegte, und strich sie an. Außerdem erhielt er die Erlaubnis, einen Schlauch von der hinter dem Haus gelegenen Quelle ins Haus und zum Küchenausguß zu legen. Das Wasser lief zwar ununterbrochen, doch das war weniger schlimm, als es eimerweise ins Haus tragen zu müssen.

Die Heizung bestand aus einem kleinen gußeisernen Holzofen unbestimmten Jahrgangs und unbestimmter Herkunft. Den Winter über konnten wir das Feuer für ein oder zwei Stunden täglich anzünden, doch nicht den ganzen Tag über. Der Preis für die Kohle war zu hoch für unser knappes Haushaltsgeld.

Lange bevor wir unseren „Stall" bezogen, war in der nordwestlichen Ecke, wo es einigermaßen kühl war, eine Toilette eingebaut worden. Es war eine traditionelle japanische Toilette, das heißt ein ovales Stück weißes Porzellan mit einem Loch in der Mitte, das in Fußbodenhöhe eingelassen war. Doch ich konnte eine solche Toilette nicht benutzen; deshalb baute Akitoschi sie um, indem er sie auf einen Ständer setzte, der etwa der Höhe einer westlichen Toilette entsprach.

Oft habe ich mir darüber Gedanken gemacht, was wohl die nächsten Mieter gedacht haben, als sie das sahen.

Die ersten Monate unserer Ehe waren schwierig – sowohl für Akitoschi wie auch für mich. Nach den Flitterwochen, in denen ja nichts schiefgehen konnte, fanden wir uns allmählich in die Routine des Alltags hinein.

Heute sehe ich, daß die Hauptursache mancher Enttäuschung mein kindischer Glaube an Akitoschis Unfehlbarkeit war. Ich erwartete viel zuviel von ihm. In meinen Augen stand er auf einem Podest und überragte alle anderen, die ich kannte, haushoch. So konnte es unmöglich bleiben. Als ich ihn dann näher kennenlernte und feststellte, daß sein Heiligenschein ins Wanken geriet, war ich völlig zerknirscht. Er war tatsächlich ein Mensch mit menschlichen Schwächen und Fehlern.

Der Mann, der in unserem Häuschen nie etwas aufräumte, dessen Socken, von innen nach außen gekrempelt, in der Mitte des Zimmers lagen, dessen Hemden sich in irgendeiner Ecke wiederfanden, dieser Mann konnte doch nicht der gleiche sein, den ich geheiratet hatte!

Seine stille, nachdenkliche Art, die mein Vater an ihm so schätzte, hatte auch noch eine andere Seite. Er war schüchtern und in sich gekehrt. Es fiel ihm schwer, neue Bekanntschaften zu knüpfen, und, wenn irgend möglich, blieb er am liebsten zu Hause. Ich dagegen liebte Geselligkeit und Unterhaltung.

Darüber war mein Mann häufig entmutigt und unglücklich. Mußte ein Lieblingsprojekt aufgeschoben werden, oder tauchten unerwartete Schwierigkeiten auf, so war er überzeugt, daß der Erfolg nie eintreten würde. Die Probleme, denen er sich gegenübersah, waren in seinen Augen immer größer als die anderer Leute.

Was mich betraf, so war ich von meiner nachsichtigen Mutter über Gebühr verzogen worden. Yuriko, meine ältere Schwester, hatte kochen, putzen und nähen gelernt, und von ihr erwartete man, daß sie gewisse häusliche Pflichten übernahm. Ich als Nesthäkchen war dagegen von allen verwöhnt worden.

Bis zu meiner Heirat war ich mir nicht einmal über den Nachteil einer solchen Erziehung bewußt geworden. Als ich dann versuchte, die Küche zu übernehmen, merkte ich bald, daß ich außer Geschirrspülen und Teezubereiten kaum etwas von der Führung eines Haushalts verstand. Doch ich war fest entschlossen zu lernen.

Unser erster Streit brach aus, weil Akitoschi darauf bestand, mir in der Küche zu helfen. Er überhäufte mich mit Aufmerksamkeit und gab sich Mühe, mir soviel wie möglich abzunehmen. Damals dachte ich, er würde es aus Mitleid für mich tun. Heute frage ich mich, ob er sich wegen des schlechten Essens, das ich ihm vorsetzte, nicht selbst bedauerte.

Nur wenige Männer können so gut kochen wie mein Mann. Er hatte eine Zeitlang in einem Restaurant ausgeholfen und sich einige Jahre selbst versorgt. Er konnte sogar Gurken einlegen, was viele Frauen nicht richtig fertig bringen. Deshalb wirtschaftete er oft in der Küche herum und tat manches von dem, was ich hätte tun sollen.

Schließlich verlor ich die Geduld. „Bitte, Akitoschi“, schimpfte ich verbittert, „wenn ich deine Hilfe brauche, werde ich dich darum bitten. Laß mich bitte allein!“

Danach vergingen drei Jahre, ehe er wieder Geschirr spülte, putzte oder kochte.

Vielleicht beneidete ich ihn um seine hauswirtschaftlichen Fähigkeiten und war außerdem verärgert darüber, so wenig zu können. Doch das waren nicht die einzigen Gründe, weshalb ich darauf bestand, die Arbeit allein zu tun. Kurz nach meiner Entlassung aus dem Krankenhaus hatte ich in mir die Neigung entdeckt, mich hinzusetzen und mich von anderen bedienen zu lassen. Zögerte ich, aufzustehen und etwas aus der Küche zu holen, so sprang Yuriko auf und brachte es mir. Wenn ich mich umziehen wollte, war sie da, um mir zu helfen. Fehlte es mir an Lust, die wenigen mir zugeteilten Aufgaben auszuführen, erledigte sie diese in einem Bruchteil der Zeit, die ich dafür benötigt hätte. So kam ich mir in zunehmendem Maße hilflos und bemitleidenswert vor.

Nach einer gewissen Zeit sah ich ein, daß ich für den Rest meines Lebens meinen Lieben zur Last fallen würde, wenn ich nicht lernte, mich selbst zu versorgen. Etwas tief in meinem Unterbewußtsein sträubte sich dagegen. Deshalb war ich entschlossen, alles zu tun, was die anderen auch taten. Wie meine Mutter nach ihrem ersten Schlaganfall nahm ich mir vor, mich nicht wie ein Kind bedienen zu lassen.

Als Akitoschi dann vom Heiraten sprach, wurde ich in meinem Entschluß bestärkt, meinen Haushalt so führen zu lernen, wie es auch von anderen Ehefrauen erwartet wurde.

Zunächst wurde mir nicht bewußt, daß Gott etwas mit meinem neuen Streben nach Unabhängigkeit zu tun haben könnte. Als ich jedoch meinen Haushalt zu führen begann, sah ich, daß er dieses Verlangen in mich hineingelegt hatte. Ich wollte zwar alles tun, was andere Ehefrauen auch taten, aber dazu brauchte ich Gottes Hilfe. Er wollte mir zeigen, wie ich jede kleine Aufgabe bewältigen konnte, um mir deutlich zu machen, wie sehr er mich liebte. Diese besonderen Segnungen wollte ich nicht missen.

Selbst etwas so Einfaches wie Kartoffelschälen war für mich ohne Gottes Hilfe zu schwierig. Ich versuchte, die Kartoffel mit meinem Daumen und das Messer mit meinem Finger zu halten, doch es ging nicht. Die Kartoffel drehte sich um und um, während ich mich mit dem Schälen abmühte. Ich nahm eine andere und probierte es noch einmal, doch das widerspenstige Ding rutschte mir unter dem Daumen weg und fiel auf die Erde. Ich war den Tränen nahe.

„Es hat keinen Sinn, es zu versuchen", überlegte ich mir. „Ich werde das nie schaffen."

Dann erinnerte ich mich daran, wie oft mich Gott geführt und wie oft er mir in meinen Nöten beigestanden hatte, wenn ich nicht in der Lage gewesen war, mir selbst zu helfen. „Ich schaffe es nicht", rief ich verzweifelt. „Du mußt mir helfen!"

Ich hatte noch nicht zu Ende gebetet, als mir Gott einen wunderbaren Einfall schenkte. Ich wußte, daß er funktionieren würde, noch ehe ich ihn ausprobierte. Ich schnitt eine andere Kartoffel halb durch und legte sie mit der glatten Seite auf das

Holzbrett. Danach war es ein leichtes, sie festzuhalten, während ich sie schälte.

Ich lernte, Flaschen zwischen den Knien oder unter dem Kinn zu halten, um sie zu öffnen, und später, als Maria geboren wurde, benutzte ich meinen Mund oder Beinstumpf dazu, ihr die Bänder im Haar zu befestigen.

Ich weiß nicht mehr, wie oft Gott meine inbrünstigen Stoßgebete beantwortete, wenn ich mich einer Situation gegenübersah, mit der ich nicht fertig werden konnte. Meine größten Schwächen sind gleichzeitig die Quellen meiner größten Segnungen geworden. Ich habe die Gelegenheit bekommen, eine vollständige Abhängigkeit von Gott zu entwickeln, wie sie nur wenigen Menschen zuteil wird.

Dennoch gab es Zeiten, in denen ich große Dummheiten beging. Akitoschi hatte als Junge, der im Zentrum Tokios aufgewachsen war, häufig Fisch zu essen bekommen und einen Geschmack für alle Fischgerichte entwickelt. Unsere Familie dagegen aß selten Fisch, und gab es trotzdem hin und wieder welchen, so entfernte Vater alle Gräten aus meiner Portion und zerlegte diese für mich in mundgerechte Stücke. Ich vermochte Fisch nicht einmal ohne Hilfe zu essen, geschweige denn, ihn zuzubereiten.

Eines Tages brachte Akitoschi Austern mit nach Hause. „Wir werden heute Abend gebratene Austern essen", sagte er, wobei er mir einen prüfenden Blick zuwarf. „Ich hoffe, du kannst sie zubereiten."

Ich glaube, daß er mir helfen oder mir ihre Zubereitung zumindest erklären wollte, doch ich war zu stolz dazu, seine Hilfe anzunehmen. Schließlich war ich ja seine Frau und hatte die Pflicht, für ihn zu kochen, selbst wenn es sich um ein so glitschiges, unappetitliches Essen wie Austern handelte.

Als mein Mann am Abend nach Hause kam, war das Essen fertig, und ich war stolz darauf, die Austern ohne seine Hilfe gebraten zu haben.

Er sprach das Tischgebet, hob dann den Kopf und begutachtete die kleinen gebratenen Stückchen auf seinem Teller. Ich sah den fragenden Blick in seinen Augen, meinte aber, er bestaune meine Kochkunst. Zaghaft nahm er einen Bissen, kaute ihn langsam und schluckte ihn hinunter. Seine Eßstäbchen auf den Teller legend, brachte er endlich seine Bestürzung zum Ausdruck. „Was hast du denn heute aufgetischt, Yoneko? Ich dachte, wir wollten Austern essen."

„Es sind Austern", verteidigte ich mich.

„Was in aller Welt hast du denn mit ihnen gemacht?"

„Zuerst habe ich sie gewaschen", erklärte ich ihm. „Dann sah ich, daß sie noch immer nicht besonders appetitlich aussahen, also nahm ich die ganzen Innereien heraus und ließ nur den guten Teil übrig!"

Lange sah er mich mit dem seltsamsten Ausdruck im Gesicht an. „Yoneko", sagte er schließlich ruhig, „wenn wir jemals wieder gebratene Austern haben, werde ich sie zubereiten."

Mit der Zeit lernte ich dann die Kochkunst, doch ich bin sicher, daß zumindest im Anfang unserer Ehe einige Mahlzeiten auf den Tisch kamen, die Akitoschi nur mit großer Mühe schlucken konnte. Er enthielt sich jedoch gnädiglich jeden Kommentars.

Dagegen bereitete es mir Freude, Plätzchen zu backen. Dieses Vergnügen leistete ich mir oft und schenkte sie dann der Familie unseres Hauswirts. Sie hatten viele Kinder und ließen uns ihr Bad benutzen, wofür ich sehr dankbar war. In unserem winzigen Häuschen war kein Bad eingebaut. Das Bad der Bauern war zwar zur Hälfte im Freien gelegen und im Winter kalt und zugig, doch wir benutzten es trotzdem sehr gern.

Während der anderthalb Jahre, die wir dort wohnten, lernten wir diese jungen Bauersleute von nebenan gut kennen. Wir fingen einen Bibelkreis in unserer Wohnung an und luden sie dazu ein. Der Mann verstand entweder die Botschaft von Jesus nicht oder wollte sie nicht verstehen. Seine Frau jedoch begann sich sehr dafür zu interessieren. Ehe wir umzogen, hatte ich die Freude, sie zu Jesus zu führen. Seit dieser Zeit bin ich mit ihr in Verbindung geblieben. Sie ist ständig im Glauben gewachsen.

Solch ein Sieg hätte mich ermutigen sollen. In gewisser Hinsicht tat er es auch, doch dann war ich wieder verzagt und niedergeschlagen. Ständig hatten wir mit unseren finanziellen Problemen zu kämpfen, und Akitoschis häufige Anfälle von Mutlosigkeit machten mir mehr zu schaffen, als ich ihm gegenüber zeigte. Er meinte, die lange Bahnfahrt zu der Buchhandlung in Yokohama und zurück sei eine Vergeudung wertvoller Zeit. Im Grunde war er der Auffassung, seine ganze Tätigkeit dort stelle eine Verschwendung seiner Ausbildung dar.

„Eigentlich ist es nicht richtig, wenn ich eine solche Arbeit tun muß“, klagte er mir gegenüber. „Ich bin als Pastor ausgebildet worden und möchte eine Gemeinde haben."

Endlich wurde ihm eine kleine Gemeinde zur Betreuung zugeteilt, und wir zogen um. Doch zuvor mußte ich in meinem geistlichen Leben eine wichtige Lektion lernen.

Ich sehnte mich danach, Gott besser und wirkungsvoller zu dienen. Bisher hatte ich eine Sonntagschulklasse geleitet und wollte dies auch wieder tun. Am liebsten wollte ich Gott dort dienen, wo sich aufregende Dinge abspielten. Ich betete viel darum, Gott möge mich so gebrauchen, daß ich mehr für ihn tun könnte.

So war die Lage der Dinge, als ein Freund aus Australien kam, um eine Glaubenskonferenz für Missionare abzuhalten. Er gehörte eigentlich nicht zu dem Far Eastern Gospel Crusade*, dem wir uns angeschlossen hatten, doch er hatte wiederholt zu unserer Gruppe gesprochen und aus unseren Reihen viele Freunde gewonnen.

Ich war so deprimiert wie eh und je, doch als der Zeitpunkt der Konferenz näherrückte, sprach Gott wieder einmal deutlich zu meinem Herzen und zeigte mir, daß ich anderen die Schuld an meiner Traurigkeit gab, obwohl ich mich eigentlich selbst prüfen sollte. Es war meine Schuld, daß ich so niedergeschlagen war. Ich mußte dem Heiligen Geist die volle Herrschaft über mein Leben einräumen.

Für einen Menschen wie mich war es nicht leicht, eine solche Erkenntnis kampflos anzunehmen. Ich wehrte mich dagegen. Doch innerlich fühlte ich

* „Fernöstlicher Evangeliumskreuzzug"

mich wie ausgebrannt und sah den Versammlungen erwartungsvoll entgegen.

In den letzten Monaten hatte ich eine ganze Anzahl Gottesdienste versäumt und unsere Tochter als Entschuldigung vorgeschoben. Jetzt aber wollte ich die Versammlungen besuchen. Es fand sich niemand, bei dem wir Maria hätten lassen können, also nahmen wir sie mit.

An dem Abend sprach der Prediger zu allen Missionarsfrauen, doch mir war, als spräche er ausschließlich zu mir. Nach der Versammlung sagte ich Akitoschi, daß ich mit dem Prediger sprechen möchte. Wir blieben zurück, und geduldig erklärte mir der Bruder, was Gott mir zeigen wollte. Doch zunächst brachte er mich dazu, mein Herz auszuschütten und ans Licht zu bringen, was unausgesprochen in mir rumort hatte.

Ich verschwieg nichts – nicht meine Verzagtheit, weil ich dem Herrn nicht so dienen konnte, wie ich es gern getan hätte; nicht meine Enttäuschung darüber, daß Akitoschi so wenig dem Ideal entsprach, das ich mir von ihm gemacht hatte.

Es tat ihm weh zu hören, wie ich dem Bruder gegenüber meinem Ärger Luft machte. Das konnte ich an seinem ernsten, gütigen Blick ablesen. Und mir tat es weh, solche Anschuldigungen über jemanden vorbringen zu müssen, den ich so innig liebte. Doch es mußte ausgesprochen werden. Ich konnte und wollte meine Gefühle nicht länger in einem kalten, dunklen Winkel meines Herzens aufbewahren, wo sie weiter nagen und mein ganzes Wesen vergiften konnten. Ich mußte sie ans Licht bringen, um irgendwie damit fertig zu werden.

Als ich alles ausgepackt hatte, fing unser Bruder an, mir Gottes Wort so sorgfältig zu erklären, als hätte er ein Publikum von tausend oder zehntausend Menschen vor sich. Er sprach langsam, um mir Gelegenheit zu geben, jeden Abschnitt, jeden Satz, ja jedes Wort in mich aufzunehmen.

„Yoneko, Gott ruft dich als Frau nicht dazu auf, mehr für ihn zu tun, solange du deinem Mann gegenüber gehorsam bist. Gottes Auftrag für dich als Frau und Mutter ist nicht in erster Linie, Seelen zu gewinnen. Er hat dich nicht dazu berufen, auf Kosten deiner familiären Pflichten in der Sonntagschule mitzuarbeiten. Es kann sein, daß der Herr von dir erwartet, eine Sonntagschulklasse zu übernehmen, doch deine erste Pflicht ist, deinem Mann gehorsam zu sein."

Obwohl ich in einer traditionsbewußten japanischen Familie aufgewachsen war und bereits als Kind gelernt hatte, daß eines Tages mein Mann mein Herr sein würde – genau wie mein Vater es meiner Mutter gegenüber zu deren Lebzeiten gewesen war –, fiel es mir nicht leicht, diese Lektion zu schlucken. Auch der Glaube an Jesus hatte den Drang nach Unabhängigkeit in mir nicht auszulöschen vermocht.

„Dein Mann mag eine Enttäuschung für dich sein, weil er nicht dem Bild entspricht, das du dir vor der Ehe von ihm gemacht hast, doch sollte dies dein Verhältnis zu ihm nicht beeinflussen. Gott erwartet von dir, daß du deinem Mann gehorchst und deinem Kind eine gute Mutter bist. Erfüllst du diese Forderungen, darfst du gewiß sein, nach dem Willen des Herrn zu leben. Wenn du nicht so oft aus dem Haus gehen kannst, um ihn zu bezeugen, oder nicht so lange ausbleiben kannst, wie du möchtest, solltest du dir darüber keine Sorgen machen. Wenn es dir wirklich ein Anliegen ist, Menschen für Jesus zu gewinnen, wird er Menschen, die deines Zuspruchs bedürfen, zu dir ins Haus führen. Mach dir also keine Sorgen, Yoneko. Der Herr wird dir viele Gelegenheiten geben, für ihn Zeugnis abzulegen."

Ich war nicht die einzige, die den Tränen nahe war. Als ich mit feuchten Augen zu Akitoschi aufblickte, sah ich, daß auch er sich die Augen wischte. Auch in den Augen Joseph Carolls, unseres zartfühlenden, verständnisvollen Freundes, standen Tränen. Ich wußte, daß Gott in unserer Mitte war, und die anderen hatten das gleiche Gefühl.

„Es gibt eine Reihe von Bibelstellen, die ich euch gern lesen lassen möchte", sagte er schließlich und schlug seine Bibel auf. „Gleicherweise sollen auch die Frauen ihren eigenen Männern untertan sein" (1. Petrus 3,1). Als ich die Stelle gelesen hatte, ließ er mich Epheser 5, 22-23 aufschlagen, wo ebenfalls stand, was von einer Ehefrau erwartet wurde.

„Ich – es ist mir noch nie so deutlich bewußt geworden, was Gott von mir erwartet", stammelte ich. Ich senkte den Kopf und bekannte dem Herrn Jesus meine falsche Einstellung. Ich sagte ihm, wie sehr es mir leid tue, daß ich Groll in mir gehegt hatte, mich über meinen Mann beschwert und erwartet hatte, daß er sich nach meinen Wünschen richten sollte.

Während ich betete, entfernte Gott die krebsartigen, häßlichen Geschwüre, die in meinem Herzen gewuchert hatten. Ein tiefer Friede und überströmende Freude erfüllten mich.

Von diesem Augenblick an hatte ich eine neue Einstellung gegenüber meiner Rolle als Ehefrau und Mutter. Ich fand Freude am Kochen, Nähen und Putzen.

Jahre später sagten meine beiden Töchter, daß sie mich nie vor Kummer weinen gesehen oder klagen gehört hätten. Das ist jedoch nicht mein Verdienst. Es ist die Folge jenes Gesprächs, durch das Gott in jener Nacht mein Leben veränderte, als ich es ihm rückhaltlos auslieferte.

Pastor Caroll hatte erwähnt, Gott würde mir Menschen zuschicken, denen ich von ihm sagen könnte. Ich bat ihn darum, war aber auch bereit, mein Leben als unscheinbare Hausfrau und Mutter zu verbringen, wenn er das von mir wollte.

Es kam genau so, wie es dieser Bruder prophezeit hatte. Gott gab mir mehr Gelegenheiten, für ihn Zeugnis abzulegen, als jemals zuvor. Wir fingen in unserer Wohnung einen Hauskreis an und hatten guten Erfolg damit. Überall in unserer Nachbarschaft hatte ich Gelegenheit, meinen Glauben zu bezeugen. Auf dem Weg zu dem Lebensmittelgeschäft, wo ich fast täglich einkaufte, überreichte ich den Menschen, die mir begegneten, Traktate – den Zeitungsjungen, Hausfrauen und hin und wieder einem Bauern. Die Menschen begannen mir Fragen zu stellen, und ich konnte ihnen von meinem wunderbaren Herrn erzählen.

Es sollten sich mir noch andere Gelegenheiten bieten, weit über die Grenzen unserer Wohnung und des kleinen japanischen Dorfes hinaus Zeugnis für meinen Herrn und Heiland abzulegen. Doch damals wußte ich noch nichts davon.

12

Schließlich konnte Akitoschi eine kleine Gemeinde als Pastor betreuen, und nach einiger Zeit berief uns Gott nach Minobu, am Westhang des Fudschijama. Diese Stadt von etwa zehntausend Einwohnern ist für gläubige Buddhisten heiliger Boden, und das gesamte Gemeinwesen ist tief in der alten Religion verwurzelt.

Vor mehreren hundert Jahren war ein Mönch in safrangelbem Gewand durch die Dörfer und Städte in den Bergen gezogen und hatte unerschrocken gegen die korrupte Regierung damals gepredigt. Viele Menschen wurden von seinem Mut und seiner Ehrlichkeit angezogen und traten der von ihm gegründeten buddhistischen Sekte bei. Sie spendeten riesige Ländereien und große Geldsummen für Minobu, den Mittelpunkt dieser Sekte. Die heutige Stadt wurde auf dem Gelände, das früher zum Tempel gehörte, erbaut, und überall sind weitere Tempel errichtet worden. Nach wie vor pilgern viele Buddhisten in diese Stadt der Tempel. Ganze Scharen von Gläubigen kommen mit dem Flugzeug nach Minobu, und noch größere Massen reisen mit Bahn oder Bus an. Die Stadt ist einer der beliebtesten Wallfahrtsorte für gläubige Buddhisten in ganz Japan geworden.

Die einzige christliche Kirche in Minobu wird von den vielen Pilgern und Touristen, die regelmäßig aus den Schnellzügen in die Stadt strömen, gewöhnlich nicht wahrgenommen. Das kleine Kirchlein steht so unauffällig und geduckt hinter dem Bahnhof, als ob es sich verstecken wollte, und wer es sieht, denkt gewiß nicht darüber nach, welchem Zweck es dienen soll. Nur wenige Einwohner von Minobu wissen, daß es in ihrer Stadt eine christliche Gemeinde gibt, und wenn sie es wüßten, wären sie wohl kaum davon beeindruckt. Denn sie sind von allem, was mit Religion zusammenhängt, zutiefst enttäuscht.

Auf den buddhistischen Wallfahrer, der von außen in das kleine Gebirgstal hineinkommt, wirkt Minobu friedlich und wohltuend. Diesen Ort wird er zeitlebens als angenehm in Erinnerung behalten. Selbst der Tourist, der die Stadt nicht aus religiösen Gründen besucht, wird von dem Bild des Friedens, das er hier antrifft, beeindruckt sein.

Im Gegensatz dazu sehen die Menschen, die immer dort leben, den überladenen Prunk der Tempel und die Liebenswürdigkeit der kahlrasierten Mönche nicht mehr. Sie blicken hinter den sorgfältig gepflegten Mantel der Frömmigkeit, der die Wahrheit verbirgt. Sie wissen, daß Hotels, Restaurants und Souvenirläden Tempeleigentum sind und daß die Mönche und ihre Freundinnen deswegen schnell zu Wohlstand gelangen. Und es ist kein Geheimnis unter den Einwohnern von Minobu, daß sich in den Tempeln ständig erbitterte Kämpfe um die einträglichsten Geschäftszweige und allerlei sonstige dunkle Machenschaften abspielen.

Als wir nach Minobu kamen, stellten wir bald fest, daß das Christentum in dieser Stadt ebenso verachtet wurde wie die buddhistische Sekte, deren

Vertreter man ja zur Genüge kannte. Die wenigen Menschen, die überhaupt davon gehört hatten, daß es eine christliche Gemeinde in ihrer Stadt gab, nahmen sie nicht ernst, und die einfache, kleine Kirche hinter dem Bahnhof wurde nur von den Missionaren und ein paar alten Leuten besucht.

Kurz nachdem Willard Reimer und seine Frau die vorherigen Missionare in Minobu abgelöst hatten, wurde Akitoschi eingeladen, an einem Sonntag dort zu predigen.

„Wäre es nicht schön, wenn ihr zu uns kommen könntet, um uns zu helfen?" meinte Reimer im Scherz. „Die Gemeinde betet um einen Pastor und wir um jemanden, der uns hilft. Unser Kirchengebäude ist im Grunde ja ein Wohnhaus, also haben wir sogar eine Wohnung für euch."

Er hatte es nicht ernst gemeint, und wir auch nicht. Wir lachten zunächst alle darüber. Doch bald wurde uns klar, daß Gott selbst uns nach Minobu berief. Kurze Zeit später renovierten wir das kleine Gemeindehaus, um es für unsere Familie wohnlich einzurichten.

In den Jahren, die wir in dieser Stadt verbrachten, lernte ich viel für mein geistliches Leben. Die Gottesdienste wurden zwar nur von wenigen Menschen besucht, diese waren jedoch überzeugte Christen. Eines Abends hatte ich für mein Abendessen nur Kartoffeln. Ich besaß kein Geld, um irgend etwas dazu zu kaufen. Während ich das Essen vorbereitete, betete ich zum Herrn. Es fiel mir nicht leicht, meinem Mann und den zwei hungrigen Kindern eine so kärgliche Mahlzeit vorzusetzen.

Ich hatte noch nicht alle Kartoffeln geschält, da

stand eine Christin mit einigen Lebensmitteln vor der Tür. „Heute nachmittag hat Gott mir den Auftrag gegeben, etwas von dem, was wir haben, mit euch zu teilen", sagte sie. „Wir haben gerade eine frische Reisernte eingebracht und dachten gleich an euch, als wir damit fertig waren."

Obwohl sie und ihr Mann selbst verhältnismäßig arm waren, brachten sie uns soviel zu essen, daß wir keinen Mangel litten, bis der nächste Scheck kam.

Nachdem wir eine Zeitlang noch in einer anderen Gemeinde in derselben Gegend gearbeitet hatten, zogen wir schließlich wieder in die Umgebung von Tokio zurück, wo Akitoschi inzwischen ein Haus für uns hatte bauen können.

Ich will die Arbeit meines Mannes an diesem neuen Ort nicht als geringfügig abtun. Gott hat ihn immer so gebraucht, daß wir beide nur staunen konnten. Ich hatte überall, wo wir arbeiteten, das Gefühl gehabt, Gott hätte uns zur rechten Zeit genau an diesen Ort geschickt – ob es nun in Tokio oder in Minobu oder woanders war. Es ging darum, die göttlichen Termine einzuhalten – genau wie Philippus auf den Weg nach Gaza gehen mußte, um mit dem Kämmerer aus Äthiopien zu sprechen (Apostelgeschichte 8,26-39).

Damals waren Maria und Ruth schon so groß, daß sie den Kindergarten und die Vorschule besuchen konnten. Eines Tages bediente sich Gott der Elternversammlungen, zu denen mich Akitoschi regelmäßig mit dem Motorrad hinbrachte, um mir ein junges Mädchen zu schicken, das dringend Hilfe brauchte. Sie war noch keine zwanzig Jahre alt und hatte ebenso wie ich einen Selbstmordversuch gemacht. Auch sie war vor einen Zug gesprungen.

Aus irgendeinem Grund war Akitoschi an dem Nachmittag gerade zu Hause, als draußen ein Wagen vorfuhr und eine ältere Dame mit zwei jungen Mädchen an unsere Tür kam. Er bat sie hereinzukommen, und während ich die Sitzkissen für sie holte, wunderte ich mich, warum diese gutangezogenen Damen wohl unser bescheidenes Heim aufsuchten.

Offensichtlich waren sie sehr nervös und fühlten sich unbehaglich. Die ältere Dame machte viel Aufhebens um eines der Mädchen, dessen traurige Augen mir gleich aufgefallen waren. Akitoschi meinte später einmal, er hätte kein so trauriges Gesicht mehr gesehen, seit er mich zum erstenmal im Krankenhaus besucht hätte.

Das unglückliche Mädchen bemühte sich, die langen Ärmel ihres Kimonos locker herunterhängen zu lassen, aber ich sah doch bald, daß ihr linker Arm an der Schulter amputiert worden war und daß ihr die rechte Hand fehlte. Sie tat mir sehr leid. Ich konnte mich noch gut an die Zeit erinnern, als ich mich selbst so schämte, daß ich versuchte, meine Behinderung zu verbergen.

Die Mutter begann sich nach den üblichen japanischen Höflichkeitsregeln zu entschuldigen. Es sei unverzeihlich von ihnen, so unangemeldet bei uns hereinzuplatzen, doch einige ihrer Bekannten hätten ihr von mir erzählt, und meinten, ihre Tochter müsse unbedingt einmal mit mir sprechen.

„Da ist eine junge Frau, die immer zu den Elternversammlungen in der Schule kommt", hatten ihr die Bekannten berichtet. „Sie hat auch eine Amputation durchmachen müssen, aber sie ist so glücklich und selbstsicher, daß wir auf den Gedanken kamen, sie könnte Tomiko-san vielleicht helfen."

„Die arme Tomiko hat seit ihrem Unfall viel gelitten", sagte uns die Dame zum Schluß. „Wir dachten, Sie könnten vielleicht einmal mit ihr sprechen."

Innerlich dankte ich Gott dafür, daß er mir Gelegenheit gab, jemandem, der ebensolche Kämpfe zu bestehen hatte wie ich damals, seine Liebe und Kraft bezeugen zu dürfen. Ich wußte um die Gemütsverfassung dieses armen Mädchens, weil ich die gleiche Not durchgemacht hatte.

„Ich danke Ihnen für Ihr Vertrauen und will gern versuchen, ihr zu helfen", antwortete ich meiner Besucherin und wandte mich ihrer behinderten Tochter zu. Zuerst fragte ich sie, was sie schon gelernt hätte, um sich selbst zu versorgen.

Statt einer Antwort zitterten ihre Lippen vor Selbstmitleid, und mir wurde klar, daß ihre Mutter an eine völlig andere Art von Hilfe gedacht hatte.

„Sie kann überhaupt nichts selbst tun", mischte sie sich vorwurfsvoll ein, als ob es falsch von mir gewesen wäre, so etwas überhaupt anzudeuten. „Ich muß sie sogar füttern."

„Du kannst aber lernen, selbständig zu essen, Tomiko-san", bemerkte ich.

„Wie soll sie das denn ohne Hände?" fragte ihre Mutter in gereiztem Ton. „Ich muß sie an- und ausziehen und ihr auf der Toilette behilflich sein. Sie kann eine Tür weder öffnen noch schließen. Sie wird nie mehr einen Brief schreiben können." Dabei machte sie eine hilflose Handbewegung. „Alleine kann sie sich gar nicht helfen, und seit sie aus dem Krankenhaus entlassen wurde, bin ich jeden Tag bei ihr gewesen."

„Ich weiß, daß es schwierig für sie ist", gab ich zu, „aber –"

„Sie ist so unglücklich", unterbrach mich die Mutter und ließ mich nicht einmal meinen Satz beenden. „Wir dachten, daß Sie ihr vielleicht helfen könnten, all das Schreckliche, was sie mitgemacht hat, zu bewältigen, damit sie wieder froh wird."

Ich wollte ihnen schon von Jesus Christus erzählen und ihnen sagen, daß er für sie alle gestorben und auferstanden ist, doch der Heilige Geist ließ das nicht zu. Ich machte deswegen nur einige beiläufige Bemerkungen über den christlichen Glauben. Statt dessen zeigte ich ihnen meine Beinstümpfe und versuchte zu schildern, wie niedergeschlagen ich zuerst gewesen war und wie sehr sich meine Stimmung und meine ganze Einstellung inzwischen verändert hatten. Ich bemühte mich, Tomiko-san soviel wie möglich zu ermutigen. Beim Abschied lud ich die Damen ein, uns wieder zu besuchen.

Einige Tage später kamen sie tatsächlich wieder, und wir wurden gute Freunde.

Wir hielten es für unbedingt notwendig, daß Tomiko lernte, sich selbst zu versorgen. Das war aber nur mit einer Prothese möglich. Akitoschi, der sich in der staatlichen Unterstützung für Behinderte genau auskannte, erklärte ihr, welche Ämter dafür zuständig waren.

Tomiko-san wollte sie gern aufsuchen, doch ihre Mutter zögerte. „Was würden die denn tun?" fragte sie.

„Sie werden sie untersuchen und ihr einen künstlichen Arm mit einem Haken anpassen."

Ihr ernstes Gesicht verzerrte sich vor Schmerz. „So etwas hatte ich befürchtet. Das könnte ich nicht mit ansehen. Nein, da gehen wir nicht hin."

Akitoschi war geduldig, aber er blieb bei seinem Vorschlag. Mit solchen Vorrichtungen, erklärte er, könnte sich Tomiko-san selbst versorgen und sogar für sich allein leben.

„Ich könnte es nicht ertragen – Tomiko-san mit Metallhänden an ihrem Körper!" erwiderte die Mutter und schüttelte sich vor Abscheu. „Jedesmal wenn ich sie sähe, würde ich an – an – das denken."

Als sie uns das nächste Mal besuchten, redete ihnen Akitoschi nochmals zu, sie sollten die staatliche Beihilfe bemühen. Erst als er sich schließlich bereiterklärte mitzugehen, stimmte die Mutter zu.

Obwohl Tomikos Vater ein angesehener Mann und recht wohlhabend war, konnte man ihm eine solche Angelegenheit nicht gut anvertrauen, da er häufig betrunken war. Die Trunksucht des Vaters und all das Unglück, das er dadurch in die Familie gebracht hatte, waren wohl die wichtigsten Gründe dafür, daß das junge Mädchen versucht hatte, sich das Leben zu nehmen.

Die Männer auf dem Amt waren verständnisvoll und hilfsbereit. Tomikos Prothese wurde mit einem Haken an den Armstumpf angehängt und zusätzlich mit Hilfe eines Stützkorsetts am Körper festgehalten. Jetzt lag es an ihr, mit der Prothese so umgehen zu lernen, wie man es ihr erklärt hatte.

Mit Akitoschi hatte ich mir schon überlegt, wie wir Tomiko den Weg zur Selbständigkeit erleichtern könnten, wenn sie ihre Prothese bekommen würde. Sie war nach wie vor ebenso traurig und teilnahmslos wie bei ihrem ersten Besuch in unserer Familie.

„Du kannst überhaupt nichts für sie tun, wenn du sie nicht von ihrer Mutter wegholst", meinte Akitoschi. „Sie wird von ihr einfach erdrückt."

Als sie uns wieder einmal besuchten, bemühte ich mich, einen Funken Hoffnung in ihr zu entfachen. „Freust du dich nicht, Tomiko-san? Bald kannst du dein Haar selbst kämmen und alleine essen."

Ihre Lippen bebten. „Wie soll das denn möglich sein? Ich kann nicht einmal Tee trinken, wenn Mutter ihn mir nicht wie einem kleinen Kind mit dem Löffel einflößt. Alles, was ich brauche, muß jemand anderes für mich tun."

In mir stieg der Ärger hoch. „Du brauchst gar keinen Löffel zu benutzen. Und du brauchst auch die Tasse nicht hochzuheben, wenn du nicht willst. Nimm doch einfach einen Strohhalm!"

Ihre Mutter war drauf und dran, ihre Tochter zu verteidigen, doch auf Tomiko-sans Gesicht malte sich ungläubiges Staunen. „Darauf bin ich noch nie gekommen", meinte sie kleinlaut.

Ich versuchte ihr zu erklären, daß sie jetzt die Möglichkeit hatte, sich selbst zu helfen, wenn sie bei allem, was sie sich vornahm, genau überlegte. Um jeden einzelnen Teil einer Aufgabe lösen zu können, mußte sie sich verschiedene Methoden ausdenken. Es würde nicht leicht sein. Sie mußte sich fest vornehmen, nicht eher aufzugeben, als bis sie alles gelernt hatte, was sie brauchte, um sich selbst zu versorgen.

Offenbar war sie bereit, es zu versuchen. Ich hatte

darauf gehofft und schlug ihr deshalb sofort vor, einige Tage bei uns zu bleiben. Eigentlich war Akitoschi auf diesen Gedanken gekommen. Wir mußten sie unbedingt von ihrer Mutter trennen, wenn sie selbständig werden sollte.

Tomiko nahm die Einladung gern an, doch ihre Mutter war nicht einverstanden. „Seit sie aus dem Krankenhaus entlassen wurde, sind wir nicht eine einzige Nacht voneinander getrennt gewesen", sagte sie, als ob das Mädchen zu jung oder zu unwissend sei, um selbst zu entscheiden. „Ich habe ihr jeden Bissen, den sie gegessen hat, in den Mund geschoben. Vor dem Zubettgehen habe ich sie jedesmal ausgezogen. Ich habe ihr geholfen, zur Toilette zu gehen und zu baden. Es wird Ihnen sicher zuviel werden, ihr ständig helfen zu müssen."

Im Grunde wollte sie sagen, daß ich wahrscheinlich nicht in der Lage sei, ihre Tochter zu versorgen. Aber sie war entweder nicht ehrlich genug oder hatte nicht den Mut, ihre Meinung offen auszusprechen.

„Wir werden es schon schaffen", versicherte ich.

Zögernd erklärte sie sich bereit, das Mädchen einige Tage bei uns zu lassen. „Sie werden sich doch gut um sie kümmern, nicht wahr?" fragte sie besorgt. „Tomiko ist so hilflos. Sie werden alles für sie tun müssen."

Sobald die Mutter weg war, fing für das Mädchen die Lehrzeit an. „Ich muß zur Toilette", sagte sie.

„Ich werde dir zeigen, wie du dir selbst helfen kannst."

„Das kann ich doch nicht."

„Du hast es ja noch gar nicht probiert!"

Als sie sah, daß es mir ernst damit war, sie zur Selbständigkeit zu erziehen, geriet sie in Panik. „Nein! Ich kann es nicht! Ich bin nie allein zur Toilette gegangen!"

Ich bemühte mich, sie zur Vernunft zu bringen, doch umsonst. Je mehr ich redete, desto stärker beharrte sie darauf, daß sie selbst gar nichts tun könne. Ihre Mutter sei nicht so grausam zu ihr.

Es fiel mir schwer, streng mit ihr umzugehen. Das arme Mädchen tat mir in der Seele leid. Ich kannte die Qualen, die sie ausstand, aus eigener Erfahrung. Aber ich mußte sie dazu zwingen, sich um ihre Unabhängigkeit zu bemühen.

„Tomiko-san", sagte ich mit fester Stimme, „rede doch keinen Unsinn! Du kannst lernen, dir selbst zu helfen. Entschließe dich dazu und fasse Mut!"

Ihre Lippen bebten. Sie war den Tränen nahe.

„Ich gehe mit dir zur Toilette und bleibe bei dir, bis du es gelernt hast. Ich weiß genau, daß du es kannst."

„Damit?" fragte sie kläglich und hielt mir die Haken hin, die sie statt ihrer Hände benutzen mußte.

Ich hatte selbst einmal versucht, mich an eine Armprothese zu gewöhnen, hatte es dann aber aufgegeben, weil sie zu schwer und unhandlich gewesen war. Ich konnte sie also gut verstehen. Aber ich durfte ihr auf keinen Fall mein Mitgefühl zeigen. Wenn sie jetzt den Willen aufbrachte, sich selbst zu helfen, konnte sie ein hohes Maß an Selbständigkeit erlangen. Andernfalls war sie ihr ganzes Leben lang auf andere angewiesen. Ließe man sie jetzt aufgeben, so wäre sie verloren. Ich liebte sie zu sehr, um das verantworten zu können. Im stillen betete ich um Führung und genug Mut, das Richtige zu sagen und zu tun.

„Ja, damit!“ Meine Stimme wurde kalt und unnachgiebig. „Komm schon!“

Ich entsinne mich nicht mehr genau, wie lange wir im Badezimmer blieben und wie wir schließlich einen Weg für sie fanden, sich an- und auszuziehen. Aber irgendwie ging es. Gott gab mir die nötige Geduld und ihr soviel Mut und Zuversicht, daß sie meinen unbeholfenen Anweisungen folgte.

Endlich hatte sie es geschafft. „Ich kann es!“ schrie sie begeistert. „Ich kann mich alleine anziehen!“

Akitoschi hörte das in seinem Zimmer und dankte dem Herrn aus tiefstem Herzen, genau wie ich. Dabei dachte er nicht nur an ihr geistiges und körperliches Wohlergehen, sondern auch an ihre Seele. Er betete dafür, daß uns der Herr jetzt auch Gelegenheit geben möge, mit Tomiko und ihrer Familie über das Evangelium zu sprechen.

Einen ersten Erfolg hatte das Mädchen dringend gebraucht. Die Spannung verschwand aus ihrem traurigen Gesicht, und in ihren Augen begann ein Fünkchen Hoffnung aufzuleuchten. Wer als Erwachsener nie auf die Hilfe anderer angewiesen war, kann sich die Freude, die man dabei empfindet, alltägliche Dinge wieder selbständig verrichten zu können, gar nicht vorstellen. Tomikos Erfolg bedeutete für sie mehr, als daß sie sich jetzt selbst anziehen konnte. Viel mehr. Seit ihrem Selbstmordversuch hatte ihre Mutter sie immer wieder in dem Glauben bestärkt, daß sie nicht damit rechnen könne, jemals wieder ohne fremde Hilfe auszukommen. Vor lauter Kummer hatte die Mutter dann versucht, diese Not dadurch gutzumachen, daß sie Tomiko unablässig bediente.

Meine Mutter hätte sich bestimmt genauso verhalten. Sie hätte ebensowenig eingesehen, daß ihre Tochter in dieser Verfassung todunglücklich sein mußte.

Tomikos trauriges Los war nicht schwer zu erraten: Ihr ganzes Leben lang würde sie ihren Angehörigen zur Last fallen. Diese Aussicht hatte sehr viel zu ihrem Trübsinn beigetragen. Doch jetzt schöpfte sie neue Hoffnung. Nach diesem ersten Erfolg würde sie auch lernen, allein zu essen und selbst zu kochen und zu putzen – genauso, wie ich mir alle diese Fertigkeiten angeeignet hatte. Sie würde andere Methoden als ich entwickeln müssen, weil ihre Behinderung anderer Art war, doch sie gab sich jetzt ernsthaft Mühe, Fortschritte zu machen.

„Du hast Mittel und Wege gefunden, für dich selbst, für deinen Haushalt und deine Kinder zu sorgen, Yoneko", sprudelte Tomiko hervor. „Und ich kann das auch!" Und sie lernte es in der Tat.

In den folgenden Tagen wurde die Arbeit mit Tomiko zu einem spannenden Spiel. Jede Aufgabe war für sie eine Herausforderung, der sie sich zuversichtlich stellte. Gelang ihr etwas nicht auf Anhieb, dann versuchte sie es verbissen noch einmal.

„Es gibt eine Möglichkeit, das zu schaffen", sagte sie dann. „Ich muß sie nur herausfinden."

Beim Abspülen fragte sie mich, wie sie das Geschirr zu halten hätte. Als hätte sie Angst, ich könnte ihr mit einer Lösung zuvorkommen, fügte sie dann schnell hinzu: „Sag' es mir lieber nicht! Laß es mich selbst herausfinden!"

Hin und wieder erteilte ich ihr Ratschläge. Das war jedoch nur selten notwendig, denn ihre Einstellung hatte sich geändert und damit auch ihr ganzer Charakter. Sie streifte ihre Traurigkeit wie ein überflüssiges Kleidungsstück ab. In ihrem Lächeln waren Freude und Fröhlichkeit zu lesen. Aus dem „Ich kann nicht!" wurde für Tomiko ein „Ich kann!". Und mit dem strahlenden Blick eines Kindes, das eben das Abenteuer des Lernens entdeckte, meisterte sie eine Aufgabe nach der anderen.

Als ihre Mutter einige Tage später voller Besorgnis zurückkehrte, traute sie ihren Augen nicht. „Ich kann es nicht fassen, Tomiko", sagte sie immer wieder mit Tränen in den Augen. Eine Weile war sie ganz außer sich. „Wir hatten nicht geglaubt, daß Sie ihr so helfen könnten", stammelte sie schließlich. „Wir dachten nur, Sie würden ihr vielleicht beibringen, ihre – ihre Behinderung zu akzeptieren und darüber nicht mehr so traurig zu sein."

Danach konnten wir Tomiko und ihrer Mutter von Jesus Christus erzählen. Schließlich kam die ganze Familie, mit Ausnahme des Vaters, zum Glauben an Jesus.

Durch Tomiko und ihre Familie gab uns Gott einen Vorgeschmack auf die Freude, die uns in den Monaten und Jahren in seinem Dienst erwartete. Seltsamerweise hat er sich gerade meines Selbstmordversuchs bedient, um viele Menschen zu sich zu ziehen. Darüber sind wir immer wieder erstaunt und dankbar.

13

Die Menschen von Okinawa sind anders als die Japaner. Die Anthropologen haben verschiedene Theorien über ihre Herkunft aufgestellt und sind sich in einem Punkt einig: Diese Inselbewohner stammen offenbar von mehreren Völkern ab, haben jedoch aus deren unterschiedlichen Eigenschaften und körperlichen Merkmalen einen eigenständigen Volkscharakter entwickelt.

Die Gesichter, denen man in Naha, der Hauptstadt Okinawas, begegnet, zeigen unverkennbar die sanften, weichen Züge und fröhlichen Augen der Polynesier. Doch man kann nicht behaupten, daß sie den Bewohnern von Tahiti oder anderen südpazifischen Inseln gleichen. In ihrem Wesen finden sich Spuren des robusten Bauernvolkes von Korea und der strebsamen Schläue der Chinesen.

Die meisten Japaner wären von der Andeutung, unser stolzes Blut hätte mitgewirkt, die Eigenschaften der verachteten Okinawer zu prägen, entsetzt. Dennoch ist dies zweifellos der Fall. Aus einer Mischung von Japanern, Polynesiern, Chinesen und Koreanern entstanden die Okinawer.

Die meisten Anthropologen, die sich mit ostasiatischen Kulturen beschäftigen, halten sich irgendwann einmal auf dieser lieblichen Insel auf. Die Sprache ist die gleiche, wie sie auch in den alten japanischen Schriften zu finden ist. Dadurch wird man in dem Gefühl bestärkt, auf Okinawa sei die

Zeit irgendwie stehengeblieben. Als die Bevölkerung nach Norden vorstieß und jahrhundertealte Bindungen abwarf, änderte sich auch die Sprache; nur die Zurückgebliebenen hielten der alten Mundart die Treue.

Wie ich schon sagte, verachten die Japaner die Bevölkerung Okinawas, so wie eine gebildete Familie dazu neigt, auf ihre ungebildeten Verwandten herabzusehen. Während der Auswanderungswelle nach Hawaii und Kalifornien zu Beginn dieses Jahrhunderts, die durch die Arbeitslosigkeit bedingt war, bekamen die meisten jungen Männer von ihren Eltern als letzte Ermahnung zu hören, sie sollten ja kein Mädchen aus Okinawa heiraten. Ein solcher Schritt würde Schmach und Schande über die ganze Familie bringen.

In letzter Zeit hat diese Voreingenommenheit stark nachgelassen, doch sind die alten Narben bei vielen noch nicht verheilt. Die Bewohner von Okinawa wurden für nicht ganz so klug, gut und ehrbar gehalten wie die Japaner.

Dennoch erzählte Akitoschi, als er von seinem ersten Besuch dieses hübschen kleinen Landes zurückkehrte, viel von den Menschen dort und wie sehr sie ihm am Herzen lagen. Einmal jährlich reiste er mit dem Vorsitzenden des „Far Eastern Gospel Crusade" dorthin, um die Gemeinden zu besuchen und die Gläubigen zu ermutigen.

„Wenn mich Gott wieder einmal ruft, den Dienst in einer Gemeinde zu übernehmen", sagte er mir, sooft er von einer dieser Reisen zurückkam, „würde ich am liebsten nach Okinawa gehen."

Ich erwiderte nichts darauf, hoffte aber im stillen,

es möge nie soweit kommen. Maria und Ruth waren glücklich und hatten sich in der Schule und unserer Nachbarschaft, in der sie einen großen Freundeskreis besaßen, gut eingelebt. Sowohl Akitoschi wie auch ich standen aktiv im Dienst des Herrn. Soweit ich die Dinge beurteilen konnte, wurden wir hier genauso gebraucht wie auf Okinawa. Wahrscheinlich fühlen sich die meisten Frauen in einer bekannten Umgebung am wohlsten und sträuben sich daher gegen einen Umzug. Auch ich wollte am liebsten da bleiben, wo wir waren. Ich hegte nicht einmal den Wunsch, diese Insel zu besuchen.

Mein Widerwille, Okinawa als mögliches Arbeitsgebiet in Betracht zu ziehen, war keineswegs die Folge eines Vorurteils. Ich hatte mich noch nicht ernsthaft mit diesen Menschen beschäftigt, um mir eine bestimmte Meinung über sie bilden zu können. Ich war bereit, auch dorthin zu gehen, wenn ich überzeugt war, daß Gott uns rief. Diese Frage war schon vor Jahren geklärt worden. Trotzdem zog ich es vor zu bleiben, wo ich war.

Doch es sollte nicht sein. Gott hatte noch einen weiteren Umzug für uns geplant. Er hatte an meinem Mann zu arbeiten begonnen, auch wenn wir es zu jener Zeit noch nicht ahnten.

Auf seiner letzten Reise nach Okinawa hatte Akitoschi gehört, daß eine der Gemeinden dort dringend einen Pastor brauchte. Sie beteten bereits seit Monaten dafür und zweifelten nicht daran, daß ihnen Gott den richtigen Mann senden würde. Eines Tages traten sie an Akitoschi heran und fragten ihn, ob er die Gemeinde übernehmen würde.

Akitoschi gab ihnen nicht sofort eine Antwort,

verspürte jedoch in seinem Herzen den geheimnisvollen Zug, den er als die Stimme des Heiligen Geistes kennengelernt hatte. Zu Hause betete er inbrünstig dafür, daß ihm Gott den rechten Weg zeigen möge.

Ich kannte meinen Mann gut genug, um zu wissen, daß ihn irgend etwas bedrückte. Doch ich wollte warten, bis er es mir von selbst erzählte. Es dauerte gewöhnlich lange, bis er mich an seinen Sorgen und Fragen teilnehmen ließ. Zunächst jedoch schwieg er. Er hatte ein Vlies ausgelegt – wie einst Gideon – und um ein Zeichen gebeten, um den Willen Gottes zu erfahren.

Gott schenkte ihm einen Bibelvers: „Nicht ihr habt mich erwählt, sondern ich habe euch erwählt und gesetzt, daß ihr hingehet und Frucht bringet" (Johannes 15,16).

Er hatte Gott darum gebeten, ihm zu bestätigen, daß Okinawa sein künftiges Arbeitsgebiet war, indem er vor einem bestimmten Tag diesen Vers hören würde. Ich glaube, daß ihm seit über einem Jahr niemand diesen Vers zitiert hatte. Eine Woche darauf wurde er gebeten, in einer Kirche in unserer Nähe zu predigen. Vor der Predigt gab eine Missionarsfrau ein Zeugnis von ihrem Erleben mit Jesus. Während sie sprach, stiegen ihr Tränen in die Augen.

„Gott hat in den letzten Wochen durch einen Vers aus Johannes 15 ganz deutlich zu mir gesprochen", sagte sie. „'Geht hin und bringet Frucht!'"

Akitoschi war von dieser dramatischen Antwort auf seine Bitte um Führung wie betäubt. „Ja, Herr", sagte er leise auf dem Weg zur Kanzel.

In jener Nacht erzählte er mir alles.

Ich war aber lange nicht so zuversichtlich wie er. Das machte mir Kummer. Doch Akitoschi schien sich nicht daran zu stören. Ich weiß nicht, ob er erriet, daß ich zwischen meinen persönlichen Wünschen und der Ungewißheit über Gottes Führung hin und her gerissen wurde.

„In Gottes Augen sind wir eins", erwiderte er. „Und wir sind seinem Dienst geweiht. Wenn er uns nach Okinawa führen will, wird er es auch dir deutlich machen. Wir wollen seine Führung abwarten."

Ich betete lange um Gewißheit, erhielt aber keine Antwort. Es schien, als sei der Himmel so fest verschlossen wie damals, als Joseph in Ägypten war und es sieben Jahre lang nicht regnete. Ich wurde immer ratloser. Doch Gott fing an zu handeln. Bald sollten wir eine Entscheidung zu treffen haben, die unser ganzes Leben in eine neue Richtung lenkte.

Die Christen auf Okinawa hatten meinen Mann gesehen, mich aber noch nicht. Wir schrieben ihnen und schlugen vor, sie im Dezember anläßlich eines zweiwöchigen Verkündigungsdienstes zu besuchen. Sie waren selbst über einen so kurzen Besuch derart erfreut, daß sie das Geld für unsere Fahrkarten aufbrachten.

Nachdem Akitoschi ihren Brief gelesen hatte, sagte er lange Zeit kein Wort. „Du weißt nicht, was für ein Opfer dieser Vorschlag für sie bedeutet", sagte er schließlich. „Diese Menschen sind arm, und sie brauchen ihr Geld für Kleidung und Nahrung."

Als wir auf der Insel ankamen, waren über ein Dutzend Menschen, die sich von ihrer Arbeit freigemacht hatten, zu unserer Begrüßung erschienen. Dabei wurde mir bald klar, weshalb mein Mann die Menschen von Okinawa und besonders die Christen der Gemeinde, die wir besuchen wollten, so sehr liebte. Die meisten von ihnen waren Arbeiter und sehr arm, doch ihre abgearbeiteten Gesichter strahlten vor Liebe zu Jesus. Noch vor Ende der ersten Woche hatten sie auch mir das Herz abgewonnen.

Wir erfuhren, daß sie schon eine ganze Zeit hindurch Versammlungen abgehalten hatten, um zu sehen, wieviel Geld sie für unseren Lebensunterhalt aufbringen würden, sollte uns der Herr zu ihnen führen. Dies war ihr Problem, hatten sie sich überlegt. Sie wollten den Betrag für uns zusammenlegen, den der Herr nach ihrer Meinung von ihnen verlangte.

„Wieviel werdet ihr geben?" fragten sie jede Familie.

Sie hätten fragen sollen: „Wieviel *könnt* ihr geben?" So sah es nämlich in Wirklichkeit aus. Sie waren ja arme Leute, die alles, was sie verdienten, zum Unterhalt ihrer Familien benötigten.

Die Summe, die zusammenkam, war so gering, daß sie fürchteten, uns nicht genug bieten zu können, um zu ihnen zu kommen und davon zu leben. Also gingen sie nochmals zu den gleichen Familien und versuchten, noch etwas mehr von deren Einkommen für den Unterhalt des Pastors abzuzwikken.

„Wir wissen, wieviel ein Pastor braucht, um hier auf Okinawa leben zu können", sagten sie schließlich. „Wir werden ihm diesen geringen Betrag bieten und Gott vertrauen, daß er den Rest dazugeben wird."

Der Gemeindevorstand sagte uns schließlich, wir könnten in dem Haus wohnen, das sie als Kirche benutzten, und zusätzlich zu der Miete würden sie uns monatlich den Gegenwert von fünfzig US-Dollar bezahlen. Das war selbst bei unserem bescheidenen Lebensstandard nicht viel.

Ich war mir immer noch nicht sicher, ob der Umzug Gottes Willen entsprach. Nicht das magere Einkommen machte mir Sorgen. Wir hatten Gottes liebende Fürsorge oft genug erfahren, um zu wissen, daß er uns alles geben würde, was wir brauchten, ganz gleich, wo wir lebten. Auch die Tatsache, daß die Gemeinde klein war und schwer zu kämpfen hatte, bekümmerte mich nicht. Jeder, der bei uns für Christus arbeitet, gewöhnt sich sehr bald daran, unter kleinen Gruppen von Menschen zu sein und von spärlichem Einkommen zu leben. Ein Teil meiner Sorgen war rein persönlicher Art. Das sah ich ganz deutlich und kämpfte im Gebet dagegen an. Gleichzeitig flehte ich weiter zum Herrn, uns seinen Willen zu offenbaren.

Ein Ereignis nach dem ersten Gottesdienst ging mir ans Herz. Eine hutzelige, von Arthritis geplagte Frau kam auf mich zugehumpelt. Nachdem wir die Gemeindeglieder näher kennengelernt hatten, erfuhren wir, daß sie erst in ihren Fünfzigern war. Die Sünde und schwere körperliche Arbeit, durch die sie sich ihren kärglichen Lebensunterhalt verdienen mußte, hatten ihre Spuren hinterlassen, so daß sie mindestens wie achtzig aussah. Ehe sie Jesus Christus als ihren Heiland angenommen hatte, war sie

Zauberin gewesen und konnte weder lesen noch schreiben. Trotzdem hatte ich den Eindruck, noch nie einer so geheiligten Frau begegnet zu sein.

„Ich habe nicht sehr viel Geld, Frau Tahara", sagte sie, „und kann nicht mehr so viel arbeiten. Aber ich habe einen guten Garten. Der Herr hat treu für mich gesorgt. Wenn Sie kommen, um uns zu helfen, werde ich Ihnen viel Gemüse bringen. Ich werde dafür sorgen, daß Sie jeden Tag frisches Gemüse bekommen."

Als ich in diese gütigen, liebevollen Augen blickte, hatte ich das Gefühl, den Rest meines Lebens dieser lieben Frau und anderen, die ebenso gütig schienen, widmen zu können. Diese Begegnung beeindruckte mich mehr als alles. Ehe wir nach Hause zurückfuhren, hatten wir den Geschwistern versprochen, die kleine Gemeinde in Naha zu übernehmen.

Ich habe Akitoschi nie gefragt, doch oft darüber nachgedacht, ob er diese besonderen Dienste auf Okinawa dazu benutzen wollte, daß ich die Geschwister dort kennenlernte, um mich von ihrer Liebe und Freundlichkeit zu überzeugen.

Sobald wir unser Kommen zugesagt hatten, fingen die Gemeindeglieder an, um eine Klimaanlage für uns zu beten. Das Klima auf Okinawa war das ganze Jahr über warm und schwül. Nachts kühlte es kaum ab. Es fiel jedem Neuankömmling schwer, sich an diese ständige Hitze zu gewöhnen, und für mich war dieses Problem besonders schwierig. Ich stellte nämlich erst nach meinem Unfall fest, daß Arme und Beine eines Menschen den gleichen Zweck erfüllen wie die Kühlanlage eines Autos. Das Blut wird auf dem Weg durch die Haargefäße und Adern abgekühlt. Dadurch kann man normalerweise auch starke Hitze einigermaßen ertragen. Ich aber hatte einen Arm und einen Teil beider Beine verloren. Meine Körpertemperatur ist deshalb immer etwas erhöht, und da mein Kühlungssystem beeinträchtigt ist, leide ich bei Hitze wesentlich mehr als andere Menschen.

Unsere amerikanischen Geschwister wußten von meinem Problem wie auch von der wirtschaftlichen Situation der Gemeindeglieder. Deshalb besorgten sie uns eine Klimaanlage im Wert von 280 Dollar. Ich dankte Gott von ganzem Herzen dafür.

Ehe wir aus Tokio wegzogen, verschenkten wir unseren alten Kühlschrank, unsere Nähmaschine und Waschmaschine an ein paar Freunde. Unserer Ansicht nach waren sie die Frachtkosten nicht mehr wert.

Doch hinterher kamen mir Bedenken. Ich hatte mich doch sehr an diese Geräte gewöhnt. Hätten wir die alten verkauft, dann wäre zumindest noch etwas Geld als Anzahlung für neue übriggeblieben.

„Wir hätten ihnen den Kram unmöglich verkaufen können", meinte Akitoschi. „Sie haben doch kein Geld, um sich elektrische Geräte leisten zu können, und brauchen sie doch nötig."

„Aber was sollen wir denn anfangen?" Mir graute davor, in dem heißen, subtropischen Klima Okinawas Lebensmittel ohne Kühlschrank aufbewahren zu müssen, ohne Waschmaschine zu waschen und für zwei heranwachsende Töchter mit der Hand schneidern zu müssen.

„Gott wird schon dafür sorgen", beruhigte mich Akitoschi.

Es stimmte, wir hatten schon bei vielen Gelegenheiten die Hilfe Gottes erfahren und viel daraus gelernt. Dennoch mußte er mir jetzt erneut eine Lektion erteilen. Er würde für alles sorgen, hieß mich aber zunächst ein Opfer bringen und führte mich an den Punkt, wo ich meinen Verdruß aufgab. Danach nahm er die Sache in die Hand.

Nachdem wir unseren Dienst in der Gemeinde in Okinawa aufgenommen hatten, kam ich einige Monate lang ohne die elektrischen Geräte aus, die mir im Haushalt eine so große Hilfe gewesen waren. Eines Tages lud eine andere christliche Gemeinde in der Nähe einen Militärgeistlichen der amerikanischen Marine zu einer Predigt ein. Akitoschi wurde gebeten zu dolmetschen. So lernten wir Commander Hathaway kennen, der sehr freundlich zu uns war. Zu Weihnachten besuchte er uns in unserer Wohnung und brachte einen Kühlschrank, eine automatische Waschmaschine und etliche kleinere elektrische Geräte mit. Sie waren viel besser als die, die wir verschenkt hatten.

Wieder einmal zeigte mir Gott, daß wir uns um nichts zu sorgen brauchten. Er würde sich um uns kümmern.

Unsere Ankunft auf Okinawa werde ich nie vergessen. Wir hatten den Eindruck, daß alle Gemeindeglieder zu unserem Empfang gekommen waren. Sicher würden uns nun einige zu dem alten Haus, in dem wir wohnen sollten, begleiten. Doch niemand blieb zurück. Das fiel uns beiden auf.

Vor unserem neuen Heim angelangt, traten wir ein. Auf den ersten Blick sahen wir, weshalb alle verschwunden waren. Das Innere des alten Hauses war vollständig renoviert worden. Die papierenen Trennwände waren erneuert worden, und auf dem Fußboden lagen neue Tatami-Matten. Ein herrliches Essen stand auf dem Tisch, fix und fertig für uns zubereitet.

„Wir wußten, daß Sie Hunger haben würden", sagten uns später die Frauen der Gemeinde lächelnd. „Deshalb eilten wir voraus und bereiteten das Essen zu."

Diese Hilfsbereitschaft durften wir während der ganzen vier Jahre, die wir auf Okinawa verbrachten, immer wieder erleben. Unsere gütigen, liebenswürdigen Geschwister überlegten sich andauernd, wie sie uns eine Freude machen, wie sie uns das Leben etwas erleichtern konnten. Manchmal brachten sie so viele Opfer für uns, daß mir zumute war, wie David empfunden haben muß, als seine getreuen Männer ihr Leben aufs Spiel setzten, um ihm Wasser aus seiner Lieblingsquelle zu bringen. Wir wußten natürlich, daß sie es nicht für uns taten. Sie taten es aus Liebe zu Jesus Christus.

Als wir in der Hauptstadt Okinawas mit ihren 300 000 Einwohnern ankamen, gab es dort 15 oder 20 Christen, die Kinder nicht mitgerechnet. Sie unterstützten uns unter großen persönlichen Opfern. Als wir sie vier Jahre später verließen, zählte die Sonntagschule 150 Kinder, die Gemeindeglieder hatten sich auf 30 erhöht, und Gott hatte sie finanziell gesegnet. Sie bezahlten ihren Pastor und dessen Familie und unterstützten Studenten auf der Bibelschule. Sie waren zwar noch immer arm und mußten für ihre Verpflichtungen Opfer bringen, doch Gott wirkte weiter unter ihnen.

Während wir noch in Japan lebten, hatte Akitoschi den Leiter des „World Literature Crusade"* kennengelernt. Er wußte, daß auf Okinawa wenig Lesematerial verteilt wurde, und machte sich Sorgen darüber. Doch, es könnte etwas dagegen unternommen werden, wurde ihm gesagt, vorausgesetzt, die Gläubigen in Japan würden für die Unkosten aufkommen. Das Budget der weltweiten Organisation enthielt keine Ausgaben für Okinawa.

Einige japanische Christen erklärten sich bereit, das nötige Geld aufzutreiben, doch war niemand da, der die besonderen Traktate, die benötigt wurden, hätte schreiben können. Akitoschi trat an mehrere Brüder, die er für qualifiziert hielt, heran, aber keiner wollte diese Aufgabe übernehmen.

„Am besten schreibst du die Traktate selbst", schlug ich ihm vor.

„Es wird mir wohl nichts anderes übrigbleiben."

Ich wußte nicht, daß er so gut schreiben konnte. Vielleicht leitete ihn Gott dabei auch in besonderem Maße, jedenfalls kamen die Traktate bei der Bevölkerung gut an.

Es stellte kein besonderes Problem dar, die Traktate zu verteilen und die Bibelkorrespondenzkurse zu verschicken. Weitaus schwieriger war es, die Lektionen auch korrigieren zu lassen. Alle, die für die Arbeit geeignet gewesen wären, hatten so viel zu tun, daß sie sich nicht damit abgeben konnten. Jedenfalls entschuldigten sie sich damit.

„Was sollen wir nur tun?" fragte mich mein Mann.

* Amerikanische Organisation, die sich der Verbreitung christlicher Literatur in der ganzen Welt widmet

Ich hatte das unbestimmte Gefühl, daß er auf irgend etwas abzielte. „Wir haben auch viel zu tun", rief ich ihm ins Gedächtnis zurück.

„Diese Bibelkorrespondenzkurse stellen aber den Kern des gesamten Projekts dar."

Schließlich fingen wir an, dafür zu beten, Gott möge mir die Kraft und Zeit schenken, 500 - 600 Einsendungen zu korrigieren. Wenn ich diese Arbeit zusätzlich zu meinen anderen Verpflichtungen übernehmen sollte, würde er meine Tage verlängern müssen, wie er dies als Zeichen für Hiskia getan hatte (siehe 2. Könige 20,8-11).

Doch obwohl Gott der Sonne nicht gebot, rückwärts zu gehen, war die Wirkung die gleiche. Irgendwie schaffte ich es, die Bibelfernkurse zu korrigieren, und fand sogar Gefallen daran. Es ist wunderbar, was wir zu schaffen vermögen, wenn der Herr uns führt.

Unsere Töchter Maria und Ruth hatten viel mehr Schwierigkeiten, sich auf Okinawa einzuleben, als wir. Die Schulen, die sie in Japan besucht hatten, waren erstklassig gewesen. Selbst die Schüler der ärmsten Familien waren blitzsauber, respektvoll und gehorsam. Die Lehrer waren kultiviert und bemühten sich um ihre Klassen. Auf Okinawa waren beide Mädchen schockiert, als sie sahen, wie viele ihrer Klassenkameraden mit schmutzigen Kleidern und verschmierten Händen und Gesichtern in die Schule kamen. Noch mehr erschrocken waren sie über die rauhe, ordinäre Sprache und das völlig undisziplinierte Benehmen der meisten Klassen. Die Lehrer machten dabei keine Ausnahme.

Maria kam eines Tages weinend nach Hause gelaufen. Sie hatte immer schon ein weiches Herz gehabt. „Weißt du, was unser Lehrer heute zu einem Jungen gesagt hat, Mama? Er sagte: 'Wenn du das noch einmal tust, bringe ich dich um!'" Mit ihrem tränenverschmierten Gesicht sah sie erwartungsvoll zu mir auf. „Glaubst du wirklich, daß er das tun würde?" Solche Redensarten hatte sie noch nie gehört, geschweige denn von einem Lehrer.

Ruth war noch unglücklicher. In ihrer Klasse war ein Junge, der sie ständig ärgerte. Jeden Tag quälte er sie aufs neue. Entweder zog er sie an den Haaren, oder er machte sich vor den anderen über sie lustig. Er entriß ihr den Schulranzen, öffnete ihn und zeigte den anderen Jungen triumphierend den Inhalt. Oder er nahm ihr ein Heft weg und weigerte sich, es ihr zurückzugeben. Es kam so weit, daß sie nur mit Angst und Widerwillen zur Schule ging.

Zunächst fiel es uns schwer, die Änderung, die in unserer jüngeren Tochter vor sich ging, zu verstehen. Früher war sie immer gern zur Schule gegangen. Jetzt wollte sie auf einmal nicht mehr hingehen. Zuerst wollte sie uns den Grund dafür nicht nennen, doch als wir in sie drangen, erzählte sie schließlich, was der Junge alles getan hatte.

Mein Mann betete zunächst darüber und entschloß sich dann, mit dem Lehrer zu sprechen. Daraufhin wurden Anstalten getroffen, Ruth in eine andere Klasse zu versetzen.

Doch ehe es dazu kam, schaltete sich Gott ein. Eines Tages wurde das Thema bei unserer Familienandacht angeschnitten, und Ruth gab zu, auch etwas Schuld daran zu haben, daß der Junge sie so garstig behandelte.

„Ich habe eigentlich nie versucht, nett zu ihm zu sein", gestand sie. „Ich glaube nicht, daß ich ihn so behandelt habe, wie Jesus es von mir erwartet."

„Vielleicht liegt es daran", meinte Akitoschi. „Es kann auch sein, daß der Junge dein Freund sein möchte und sich nur so albern benimmt, um von dir beachtet zu werden."

Ruth konnte das nicht ganz verstehen, doch Akitoschi erklärte ihr, daß sie ihren Klassenkameraden lieben sollte, auch wenn er sich noch so unmöglich aufführte.

Am nächsten Tag ging sie auf ihn zu und sagte ihm, daß es ihr leid täte, nicht nett zu ihm gewesen zu sein. Daraufhin änderte sich sein Benehmen schlagartig.

„Ich habe das alles nur getan, weil ich dein Freund sein wollte", gab er zu. „Ich habe gar keine Freunde."

Von da an belästigte er sie nie wieder.

Ich bin überzeugt, daß sich Ruth und ihre Schwester in den Schulen von Okinawa nie so wohlfühlten wie in den japanischen Schulen. Doch sie lernten, sich mit der Situation abzufinden und mit ihren Schulkameraden, die anders dachten als sie, auszukommen.

14

In Japan bemühte sich Ken Anderson von der Anderson-Filmgesellschaft, darum, einen japanischen Christen zu finden, dem es am Herzen lag, japanische Sprechaufnahmen für christliche Filme herzustellen. Damals hatte er weder von uns noch wir von ihm gehört. Aber Gott war am Werk. Er war dabei, Akitoschi und mich für eine Arbeit vorzubereiten, die eine Brücke über den Ozean hinweg nach Amerika und von dort über die ganze Welt schlagen sollte, wo immer Japanisch gesprochen wurde. Diese Aufgabe hatte Gott für uns ausersehen, seit er unsere Herzen berührt und uns zu sich geführt hatte.

Ken Anderson war von der Reaktion der Christen Japans enttäuscht. Seine Filme gefielen ihnen zwar, und sie waren der Meinung, daß es zweifellos eine Hilfe bedeuten würde, wenn sie in Japanisch angeboten werden könnten. Doch sie scheuten die Unkosten. In allen finanziellen Fragen stets ultrakonservativ, hielten sie es für ausgeschlossen, daß das Geld dafür aufgebracht werden könnte. Niemand wollte auch nur einen Versuch wagen.

Schließlich kam Anderson nach Okinawa und trat an den stellvertretenden Leiter der christlichen Radiomissionsstation heran, um mit diesem seine Pläne zu besprechen. Herr Austin erklärte sich bereit, ein Team zusammenzustellen, zu dem auch Akitoschi gehörte.

Gott hatte meinen Mann auf diese Zusammenkunft vorbereitet. Ein gewisses Gefühl der Unbehaglichkeit hatte ihn seit einiger Zeit ergriffen. Nach wie vor liebte er die Christen unserer Gemeinde und fand Befriedigung in der Verkündigung des Wortes Gottes. Doch allmählich überlegte er sich, ob Gott nicht etwas völlig anderes für uns im Sinn hatte. Wir beteten beide viel darüber, ohne unseren Töchtern gegenüber etwas zu erwähnen. Wir wollten nicht, daß sie sich über einen Umzug Gedanken machten, ehe wir Genaues wußten.

Trotzdem ahnten wir natürlich nicht, daß Gottes Fahrplan für uns auf „Abfahrt" stand, als wir die Rundfunkstation besuchten, um Herrn Anderson kennenzulernen und uns die Filme anzusehen.

Der Besucher aus Amerika überreichte Akitoschi seine Visitenkarte, auf der in einer Ecke kleingedruckt zu lesen war: „Wenn nicht ich, wer dann? Wenn nicht jetzt, wann dann?"

Diese Worte prägten sich unauslöschlich in das Bewußtsein meines Mannes ein und ließen ihn in den folgenden Tagen nicht mehr zur Ruhe kommen. Später gebrauchte Gott sie, um uns aus unserer kleinen Gemeinde auf Okinawa heraus zu fremden Menschen auf der anderen Seite des Pazifischen Ozeans zu führen.

Die Männer, denen die Filme in der Radiostation vorgeführt wurden, waren tief davon beeindruckt. Es wurde ihnen sofort klar, daß dieses Mittel der Technik dazu dienen könnte, um Menschen auf Jesus Christus hinzuweisen. Nach einigen Fragen, größtenteils von Akitoschi, brannten die in dem kleinen Raum versammelten gläubigen Japaner darauf, Filme in ihrer Sprache anbieten zu können.

Mein Mann verstand jedoch den Zweck dieser Versammlung völlig falsch. Er meinte, Herr Anderson wollte Mitarbeiter einstellen. Er wußte nicht, was der untersetzte Amerikaner eigentlich im Sinn hatte, außer daß er Sprechaufnahmen für zwei oder drei Filme machen wollte. Akitoschi selbst war nicht daran interessiert, eine andere Arbeit zu übernehmen, da er dem Herrn ja ohnehin schon hauptberuflich diente. Seltsamerweise hatte er jedoch das Gefühl, daß dieser Amerikaner mich kennenlernen sollte. Den Grund dafür konnte er damals nicht ahnen.

„Yoneko hat eine großartige Geschichte für Sie, die Sie, glaube ich, hören sollten", sagte er zu ihm.

Anderson gab sich wohlwollend, gleichzeitig aber auch ausweichend und unverbindlich. Natürlich würde er mich gern kennenlernen und meine Geschichte hören. Doch Akitoschi merkte, daß er uns auf keinen Fall auf den Gedanken bringen wollte, unsere Geschichte könnte verfilmt werden.

Bei einer öffentlichen Veranstaltung in Amerika hörten wir später einmal, wie er Akitoschis Vorschlag zunächst aufgefaßt hatte: „Als Andy an mich herantrat, überlegte ich mir, wie ich freundlich zu ihm sein konnte, ohne allzu große Hoffnungen in ihm zu wecken. Wo ich gehe und stehe, werden mir Geschichten vorgetragen, die nach Meinung der betreffenden Personen den besten Film seit 'Ben Hur' oder 'Die Zehn Gebote' abgeben würden. 'Diesen oder jenen müssen Sie unbedingt kennenlernen!' werde ich bestürmt. 'Er hat etwas Wunderbares erlebt. Seine Geschichte ist wirklich unglaublich!' Und oft ist es auch eine interessante Geschichte für sie. Leider muß aber jede Geschichte gewisse aufregende Erlebnisse und Spannung enthalten, um einen guten Film daraus machen zu können. Deshalb gehe ich meist innerlich auf Abwehrstellung, wenn Fremde mit einer solchen Anregung an mich herantreten.

Ehrlich gesagt, ich dachte, Andy gehöre auch zu dieser Gattung. Also fuhr ich zu seiner Wohnung hinaus, um mir – wie ich meinte – den langweiligen Lebensbericht seiner Frau anzuhören. Statt dessen hörte ich eine so ergreifende Geschichte, wie mir kaum jemals eine zu Ohren gekommen ist."

Ich wußte nicht, was er dachte, als er uns zum Tee besuchte. Hätte ich es geahnt, dann wäre ich wahrscheinlich nicht so unbefangen gewesen, ohne Umschweife aus meinem Leben zu erzählen. Gott aber wollte, daß viele meine Geschichte hören sollten. Deshalb führte er Ken Anderson zu uns.

Nie werde ich seinen Gesichtsausdruck vergessen, während mein Mann für mich dolmetschte. Die Augen des Amerikaners glänzten, und er beugte sich vor, um ja kein Wort zu verlieren.

„Unglaublich", murmelte er vor sich hin. „Fantastisch!"

Ich will nicht prahlen, aber das war seine Reaktion.

Als ich mit meinem Bericht fertig war, stand für ihn bereits fest, daß sich diese Geschichte sehr gut für eine Verfilmung eignen würde.

Wir wußten nicht, ob wir uns über diese Aussicht freuen sollten oder nicht. Herr Anderson konnte auch noch nicht sagen, ob es ihm gelingen würde, die nötigen Geldgeber zu finden, um sein Vorhaben zu verwirklichen. Er schrieb eine kurze Zusammenfassung meiner Geschichte und ließ sie für seine Freunde vervielfältigen.

Ihre Reaktion war weit davon entfernt, uns zu ermutigen. Sie fanden den Inhalt zwar interessant, hatten aber Bedenken im Blick auf die Verwendung eines solchen Films in amerikanischen Gemeinden.

Etwa ein Jahr später stellte ein amerikanischer Arzt, der in Indien arbeitete, Geld für die Produktion des Films „Yoneko" zur Verfügung.

Zu dieser Zeit war mein Mann bereits fest im missionarischen Zweig der Firma „Ken Anderson Films" tätig und übersetzte die Sprechaufnahmen zweier Filme ins Japanische. Mehr und mehr wurde er in dem Entschluß bestärkt, hauptberuflich in der Filmproduktion mitzuarbeiten. Als er Klarheit darüber hatte, daß dieser Schritt dem Willen Gottes entsprach, ging er zu den amerikanischen Missionaren und organisierte ein Treffen mit fünf oder sechs Gemeindeleitern.

Diese ahnten nichts davon, daß wir einen Umzug planten, nahmen diese Nachricht aber sehr verständnisvoll auf.

„Ich weiß, daß Gott Sie mit besonderen Gaben ausgestattet hat, Tahara-sensei", sagte einer der Männer. „Unser Hauptanliegen ist nicht, möglichst viele Gemeindeglieder bei uns zu behalten. Wir möchten mit allen zusammenarbeiten, um Menschen für den Herrn zu gewinnen."

„Wir brauchen einen Pastor für unsere Kirche", sagte ein anderer, „doch wir lassen Sie trotzdem gehen. Wir glauben, daß der Herr Sie ruft, und möchten, daß Sie ihm gehorchen."

Ehe wir umzogen, versicherten sie uns, daß sie uns zwar gern unterstützen würden, aber nicht das nötige Geld dazu hätten. Das wußten wir nur zu gut. Sie waren ohnehin schon weit über Gebühr belastet, indem sie für den Unterhalt eines Pastors aufkamen.

„Sie werden unser Missionar im Blick auf christliche Filme sein", sagte ein älterer Bruder zu Akitoschi. „Wir werden Sie mit unseren Gebeten unterstützen."

Nachdem wir uns entschlossen hatten, diese neue Aufgabe zu übernehmen, bat Ken Anderson meinen Mann, ihn zu den Aufnahmen für den Film „The Peacemakers" (Die Friedensstifter) als Tontechniker nach Vietnam zu begleiten.

„Ich kann Sie dafür nicht bezahlen, Andy", sagte er. „Unser Etat sieht keine Ausgaben für einen Techniker vor; wir werden Ihnen jedoch das Fahrgeld und Spesen vergüten."

Diese Reise dauerte einen Monat. Damit hatte seine Ausbildung in der Filmproduktion begonnen.

Als schließlich der Film „Yoneko" gedreht werden sollte, kündigten wir den Dienst in unserer Gemeinde und nahmen Abschied von Okinawa. Das war einer der traurigsten Tage unseres Lebens.

„Wir kommen wieder", sagten wir den Leuten, um sie in ihrem Schmerz zu trösten. Doch wir alle wußten, daß es nie wieder so werden würde, wie es war.

Als die Drehaufnahmen abgeschlossen waren und der Film nur noch geschnitten werden mußte, fragte uns Ken Anderson, ob wir Lust hätten, den Film in den Vereinigten Staaten einzuführen. Wir könnten dann gleichzeitig mehr Erfahrungen in der Filmproduktion sammeln und Freunde für unsere finanzielle Unterstützung gewinnen.

Ehrlich gesagt, ich wäre lieber in Japan geblieben. Andererseits wußte ich genau, daß der Wille des Herrn außer Frage stand. Also machten wir uns wieder einmal auf zu neuen Ufern in dem Dienst, den der Herr für uns vorgesehen hatte. Diesmal bestand unsere Aufgabe darin, christliche Filme für japanische Zuschauer vorzubereiten.

Bald stellten wir fest, daß der Film „Yoneko" weit mehr ausrichten sollte, als wir ursprünglich angenommen hatten. Da der Selbstmord in Japan immer ein akutes Problem darstellt – gerade für junge Menschen –, erfreute sich unser Film regen Zuspruchs. Verzweifelte junge Männer und Frauen, die den gleichen Ausweg aus ihrer Not wie ich in Erwägung gezogen hatten, schöpften neuen Mut zum Weiterleben, nachdem sie den Film gesehen hatten. Suchende Menschen fanden zu Jesus. Ihr Sehnen wurde gestillt.

In Amerika freuten wir uns über das Echo auf den Film. Normalerweise führten wir den Film vor, und danach gab ich ein Zeugnis. Akitoschi dolmetschte. Wir durften erleben, wie viele durch den Glauben an Jesus gerettet wurden, und gewannen Hunderte amerikanischer Freunde.

Jetzt wohnen wir wieder in Japan, wo Akitoschi für den missionarischen Zweig der Ken-Anderson-Filmgesellschaft „International Films" tätig ist. Voller Zuversicht blicken wir in die Zukunft, in dem Wissen, daß Gott noch weitere Aufgaben für uns bereit hat.